授業評価に基づくティーチング技術アップ法

谷口　守 著

技報堂出版

はじめに

大学などで授業をしている教員の多くは、「教える技術」を学ぶことなく教壇に立っているのではないでしょうか。そんな教員を待ちかまえているのが、「学生による授業評価」です。しかもこの授業評価は、近年では教員個人の評価に使われるようにもなってきました。

ところが多くの教員の現状は、外部予算の獲得から大学のPR業務に至るまで、さまざまな業務に追われる毎日で、授業のことにあまり時間をかけていられないというのが現実でしょう。しかし、授業で学生から「わかった！」という反応を得ることができれば、学生も満足するし、こちらも教育者冥利に尽きます。そのような評価が得られる授業を実現するためのノウハウ（ティーチング技術）を提供できれば、と思い、本書を執筆することにしました。

私が「授業評価」とはじめて関わりをもったのは、一九九〇年・米国のカリフォルニア州立大学に滞在していた時のことで、日本に帰った一九九一年から、自分の講義でも授業評価を実践し始めました。それから十五年近くになりますが、自分の講義では必ず授業評価を実施しています。近年、私の所属する大学でも授業評価が開始され、二〇〇四年には、その結果に基づく個人評価が、実施されるに至りました。幸いなことに、私は高得点を得ることができましたが、これは十五年間自分で授業評価を続けたことで、ティーチング技術を知らぬうちに身につけることができた結果だと強く感じています。

本書は、前から順に読んでいただく必要はなく、役にたつと思われる所を拾い読みしていただけるよう、内容構成を工夫したつもりです。さらに、授業評価結果を用いて教員を評価する管理者の立場の方に有用と思われる情報も、一つの章にして整理を行いましたので、ぜひご利用ください。

なお、私の授業評価において、素直で熱心な意見を寄せてくださった岡山大学環境理工学部、および筑波大学社会工学系の数多くの受講者に対し、深く御礼申し上げます。また、本書で実施した授業評価結果に対する統計的解析は、岡山大学特別配分（公募分）として取り組みが認められたことで実施可能となったものです。この他にも、授業評価に取り組むきっかけを与えていただいた、カリフォルニア州立大学ジョン・ランディス教授、数量化分析を担当いただいた岡山大学大学院の楠田裕子さん、イラストを提供してくれた環境デザイン工学科横山大輔君をはじめとし、多くの方々のご協力によって本書を完成することができました。また、本書の編集においては、技報堂出版の石井洋平氏にご尽力をいただきました。この場を借りて厚く御礼申し上げます。

平成十七年九月

岡山大学大学院　環境学研究科
谷口　守

目次

参考文献

付録

第一章

なぜ授業評価をおこなうのか?

それがあなたを変えるのです

私は理工系研究者の端くれで、いわゆる教育学や教授法の専門家ではまったくありません。教え方をこうすべき、などというような偉そうなことは何もいえません。研究をしているうちに、いつのまにか教える立場にたたされていた、という感じで、どちらかといえば、もともと授業で学生に話すのは得意ではありませんでした。また、我が国の普通の研究者がみなそうであるように、こうすればよい授業ができると誰かに教えてもらえる機会もありませんでした。

「授業評価」とはじめて関わりをもったのは、研究者になって二年目、一九九〇年に米国のカリフォルニア州立大学で客員研究員をしていたときです。ある講義の最終回に顔を出していたところ、いわゆる授業評価アンケートを受講者に実施したのです。手作りの簡単な内容のものでしたが、

学生達は正直に自分の意見を記入していました。その様子が、マーケティングにおける顧客の満足度調査に似ていると感じ、面白そうだと興味を持ったのがきっかけです。日本に帰ってからさっそく自分の講義でも行ってみました。まさに猿真似からのスタートです。それからもう十五年近くになりますが、自分の講義で必ず授業評価を実施しています。近年、私の所属する大学では教員の個人評価が開始され、二〇〇四年は授業評価アンケート結果に主に基づく個人評価が教育分野においても実施されましたが、私は学部六十七名の中で最高得点を得ることができました。これは、自分の能力ではなく、十五年間授業評価を続けたことの結果だと強く感じています。たまたま他の先生より先に授業評価アンケートを導入していて、学生の意見を積み重ねていたというだけのことなのです。授業評価の導入は授業を確かに変えます。

なお、私が授業評価アンケートをはじめた一九九一年当時、日本国内で授業評価アンケートはまだまったく認知されておらず、「学生の意見を聞くなんて…」という雰囲気さえありました。また、当時の学生達は授業に対していろいろ言いたいことがあっても、発言する機会をまったく与えられず、フラストレーションがたまっていたように思います。私が実施した授業評価アンケートの、とくに自由記述欄は、その彼らのエネルギーで充満していました。その情報がどれだけ私にとって有用であったかは計り知れません。これらの多くの意見によって、私の授業は明らかに、そして具体的に改善されたのです。

ノウハウをオープンに

しかし、このような状況も最近になって変わりつつあります。たとえば、私の現在所属する大学では、数年前から全部の授業の全受講者に対して強制的に授業評価アンケートを行うようになりました。学生の側からみると、授業に対する意見をまったく返すことができなかった状況から、苦労しなくともどの授業に対してもアンケートで書きたいことが書けるようになりました。それのみか、書きたいことが無くとも必ずアンケートを提出するように彼らは要求されています。まさに百八十度の方向転換です。もし「授業評価権」というものがあるとすると、それは「選挙権」ととてもよく似ています。与えられるまでは非常にそれは輝いて見えますが、一度それが与えられてしまうと、皆その権利を行使することが面倒くさくなるのです。この結果、三年ぐらい前から、私は学生から有効な授業改善のための情報を得ることが難しくなりました。学生の自由記述はほとんど「特になし」となり、例え何か書かれていてもその内容は薄くなりました。このような状況になってはじめて、学生にわかってもらえる授業をできるよう改良を重ねることが、自分の密かな趣味となっていたことに気づきました。一律全部に授業評価アンケートを導入するようになったことで、このささやかな楽しみを奪われたというのが実は正直な気持ちです。

教官側の状況も変わってきました。授業評価アンケートの結果を教官の個人評価に反映するという状況が一部で生まれると、さまざまなことを言い出す教官も出てきます。中には、何とか授業評価を否定するために、「学生に媚を売る授業をすれば授業評価結果は高くなるのだ。そのような授業評価というものは認めたくない。」というあきれた発言をする教官も最近は目にします。本書の第五章でも詳しく述べますが、このような反論はイソップ物語のすっぱい葡萄と同じで、まったくの言いがかりです。授業評価アンケートというのは本来その教官にとっては授業改善のためにたいへん役に立つものなのです。それが個人評価に利用されるということで、これからは、あまり健全な方向に向かわないのではないかということを危惧しています。

以上のような状況の中で、今まで十五年ほどかけて集めたノウハウ（と呼べるだけのものかどうかわかりませんが）を、自分の中で閉じ込めてもっていて果たしていいのだろうかという気持ちが強くなりました。先述したように、このノウハウは自分のものとは言えません。今までの私の授業を受けた学生が私に預けてくれたものと自分は理解しています。それならば、授業評価アンケートから有益な情報を得にくくなりつつある現在において、適切な情報さえ入手すれば自分のティーチング技術を向上できる意識の高い研究者に、全部ノウハウをオープンにしてしまう方がよいではないかという結論に自分なりに達しました。以上のような意味で、この小冊子は十五年間、私の不十分だった講義に対して自由にいろいろ書いてくれた学生に対するせめてもの罪滅ぼしと考えています。

本書のまとめ方

大学の講義や授業をどうすればよりよくできるかという本は、じつは最近結構たくさん出版されています。本書巻末の参考文献リストにも、その中のいくつかを整理していますので興味のある方は参考にしてください（参考文献1～3）。ただ、それらを集めて読んでみて気づくことは、絶対にこれでよくなるという方法など存在しない、ということです。ある専門家が推奨している方法は、他の専門家が推奨する方法と矛盾している場合さえあります。

このような状況の中で、本書は以下の二～四章において、次のようなまとめ方を行いました。

1　授業評価アップのための、誰にでも気づくだけで実行できそうな、共通的・本質的事項だけを簡潔に項目としてまとめる。

2　初級、中級、上級の順に二～四章にそれぞれ十カ条を整理する。

3　項目内容記述のための情報源は主に次の三種に基づく。

①　自ら実施した授業評価アンケートを通じて個人的に収集した情報

②　大学で共通に実施された授業評価アンケートの結果に対して独自に行った統計的分析結果

③ 海外（先進地）の大学におけるティーチング技術教本より得られる情報

なお、このうち②の統計的分析に関しては、平成十四年度前期〜平成十六年度前期の間に、岡山大学環境理工学部環境デザイン工学科のカリキュラムの一貫として実施され、十分な授業評価回答者数が得られたすべての授業を対象として分析を行っています（分析サンプル数は二千百九十五人）。分析手法としては数量化理論Ⅱ類モデルを用い、個人の勘や経験ではなく、統計に基づく結果として、どのような授業の進め方や工夫が総合評価に効いているのかを明らかにしています。すべての講義に対して授業評価アンケートを実施していることで、このような多変量解析を行えるだけのサンプルを集めることができたということは評価できましょう（モデルの詳細は付録に掲載しています）。また、③ではこの分野で長い実績と厚いサポートシステムを誇るカリフォルニア州立大学バークレイ校のティーチングアシスタント用教本（参考文献の4）を主に参考とし、他の情報源ではカバーできなかった項目をフォローします。

なお、五章については、授業評価アンケート結果を教官個人の評価材料として活用を考えている大学の管理者側への情報提供を行います。項目は全部で十項目を準備しました。

これら合計四十の項目について、その内容に同意でき、簡単に実行できると思われるものがあれば、どこからでも手をつけていただければ望外の幸いです。

第二章
授業評価ポイントアップ方策
初級編　十か条

一 第一印象は大切

どの講義も初回は緊張するものです。とくにもしあなたがこれから初めての授業を行うというのであれば、いろいろと心配なことは多いはずです。学生も初回の授業は神経を集中するとともに大きな期待をもっています。今までの学生による授業評価アンケートの記述結果を読んでも、教官の第一印象というのは、どうやらこちらが思っている以上に重要なようです。私はある学年に対する初めての授業の初回が騒がしかったため、思い切りカミナリを落としたことがあります。結局その学年の学生には、切れやすい教官としてそれ以降通っていたようです。

ティーチングアシスタントなどのいわゆる教える立場にたつ初心者のために、わかりやすい教本が米国などの大学では準備されています（参考文献４）。それらに目を通していると、凍りつくような恐ろしい雰囲気、また、遊びに来たのかと思わせるようなあまりにもラフなスタイル、といった風貌が与える印象は、最初に与える印象としては不適切な例として指摘がされています。

しかし、自分の第一印象を良いように変えるというのは口でいうほど簡単ではありません。また、もし実際それが可能であったとしても、周りにすでに知られているあなた自身の印象を変えていくことなど、とても気恥ずかしくてできないというのが正直なところでしょう。しかし、大学というのはすばらしい？所です。毎年毎年新たな学生が入れ替わり入学してきます。彼らは昨年のあなたがどのような先生だったのか知っているわけではありません。あなたが彼らに対して行うべきことは、自分がよりよいと思う第一印象を頭に描き、昔からわたしはこんな風だったと振舞えばよいのです。何年かこのようなことを続けていると、あなたの印象はいつの間にか本当に変わってしまいます。「印象」ははじめから決まっていて変わらないものなのではなく、あなた自身がつくっていくものなのです。

第１印象は大切

二　総合評価に最も影響するのは「熱意」

本書では、実際の授業評価アンケート結果のデータ二千百九十五人分を用い、どのような授業が学生によって高く評価される傾向があるのかを統計的にモデル分析しました（詳細な結果に興味をおもちの方は付録1をご覧ください）。この結果、授業の総合評価に最も影響を及ぼすのは、「担当教官の熱意・意欲を感じたか」という項目であることが明らかになりました。「熱意」だなんて聞いてみれば当たり前のことかもしれません。なお、モデル分析から明らかになった興味深い点は、「熱意・意欲があるからその教官が評価される」というよりも「熱意・意欲のない教官は絶対に評価されることはない」という現実です。「熱意・意欲」が感じられない授業に対しては、まちがいなく授業全体に対する総合評価が極端に低くなっているのです。

「熱意」などというものがそもそもティーチング技術かという議論はあろうかと思いますが、この結果から、「熱意」が無いところを「技術」で乗り切ろうとしても、授業評価アップは不可能だということだけはいえそうです。しかし、無理に熱意を見せようとしても、それぞれの学期で十回以上もその同じ科目の授業をしていれば、熱意があるかどうかなどは学生から簡単に見破られてしまいます。また、「熱い」教官ばかりがやたら増えるのも、中学ならまだしも大学としては何となく落ち着かず、あまり皆さんに「熱くなれ」というのも私は気が進みません。では、いったいどうすればよいのでしょうか。

「熱意」に相当するものを身に着けようとするなら、まず、あなたが授業をしていて、あなた自身が「楽しい」ということが大前提になるといえます。「楽しい」ことに打ち込んでいる中から「熱意」は自然に生まれてきます。自分がつまらないと思っていることを話している人の話を聞くほどつまらないことはありません。私も、不思議なことに、あまり自分の気が乗らなかった授業は必ずといってよいほど学生からの評価が低かったように思います。授業として自分が好きなことをやっている、楽しんでいる姿勢を示せることがまず初めの一歩ということがいえます。

三 まず、相手がわかることから話す

数量化モデル分析の結果、教官の熱意に勝るとも劣らず重要であることが示されたのは、「基礎的な理解ができたか」「聞きやすく理解しやすかったか」という項目です。つまり「わかる」授業だったかどうかということです。「わかる」授業をするためには、まず受講者にどのようなことから話せば「わかってもらえる」のかということを、まず教える側が「わかる」ことが必要になります。

ちなみに、どこの大学にも「自分は学術としてレベルの高い内容を教えているため、学生からの授業評価は高くないのだ」と胸を張る困ったお荷物教授がいます。相手のレベルに応じた授業がで

大教授のお話なのだから有難くわかりなさい

きてこそプロのはしくれなのに、これは根本的な考え方が誤っているといえます。学術面で勝負したいのなら授業ではなく学会に行って話せばよいのですが、このような教官は実は研究業績もさっぱりということも面白いほど共通しています。もし高い内容をわかる学生が相手なら、そのような高い内容から話せばよいといえます。しかし、高い内容がわからない学生にいきなり高い内容の話をしても、その講義に対する興味を失う結果に終わるだけなのです。

最初の授業の日に教室におもむき、対象学生を見渡して彼らのレベルを短時間の間に判断できるということは、大学で教える者の能力として重要です。ここでいうレベルとは、彼らがこれから聞くことを理解する上で必要な基礎をどれだけすでに身につけているか、ということです。ちなみに、それがまったく同じ科目であっても、昨年のクラスと今年のクラスの学生レベルが同じということはありません。

なお、これからしばらくの間は、いわゆる「ゆとり教育」のもとで幼少期を送った学生が入学してきます。「ゆとり教育的な考え方では、学校が楽しい場と位置づけられており、知識を学ぶという「苦労」に対する免疫がつかない。」（参考文献5）ということが指摘されています。苦労して勉強や研究に塾達するということの楽しみを知らない者の割合が増えれば、今よりもなお「教員はわかるように教えて当然」という傾向は強くなるでしょう。我々は覚悟する必要があるのです。

四 最低限の準備から

授業に行く前に、今日は何の話をするのか事前に一通りの準備をしておくことは初歩としてやはり重要です。実験などの科目はとくにそうですが、一般の講義でも準備不足が命取りになることがあります。私は毎年担当している講義で、一年前に同じことを説明できたのだから今回も簡単にできるだろうとタカをくくり、何の準備もなく黒板に数式展開を書き始め、途中ではたと手が止まって行き詰ってしまう経験を何度かしています。これはさすがにみっともないし、学生の視線の中で冷や汗をかきながらこれで授業評価が下がったなと感じる瞬間でもあります。

このような準備不足は論外ですが、用意周到に一回の授業に起承転結をつけることができるのであれば、それに越したことはありません。都市計画を専門としている私の愛読書のひとつに、原広司「集落の教え一〇〇」（参考文献6）という本があります。その第一条に「あらゆる部分を計画せよ。あらゆる部分をデザインせよ。偶然にできていそうなスタイル、なにげない風情、自然発生的な見かけも、計算されたデザインの結果である。」という一文があり、これは授業にもあてはまるのではないかと感じています。よく構成された授業では、何気ない脱線話でさえ、起承転結の一部を構成していると言えばおわかりいただけるでしょうか。

なお、私は一回の授業の終わりには、そのときに提供した話題が完結するよう（読みきり授業）注意を払っています。既存のティーチング技術解説書の中には、これとは逆に読みきり授業は避け、次回に続くよう話題を完結させないのがよいとしているものもあります。ただ、大学で授業を受ける学生は必ずしも皆毎回出席しているとは限りません。続き話しにすることで、一度欠席してしまうと脈絡が取れなくなってしまうようではむしろマイナスといえます。一回飛ばしてしまうと見る気がおこらなくなるドラマにならないよう、一回一回にメリハリある起承転結をつけることが重要なのではないかと考えています。

五 終了時刻を守る

教授は授業に十五分遅れて現れるものだという話をされる先生がいます（これをプロフェッサーズ・クォーターというらしい）。その真偽、良否のほどはさておき、授業の開始時刻を守るのは先生側というよりは、むしろ学生側の最低限の責務ということができます。ただ、それと同じように、終了時刻を守るのは教官側の最低限のエチケットといえます。休み時間に入ってまで授業をしても、学生側は注意が散漫になり、何もいいことはありません。休み時刻にずれこんでまで授業をする教官は熱心なのではありません。ただ段取りが悪いだけです。

延長なんかしても頭に入らない

先の四の項目で、授業には準備が必要だと述べました。しかし、中には準備すればするほど、話そうとすることの中身が膨らんでいき、授業時間全体をみっちり使うようなプランに陥ってしまうことがあります。このような授業時間を最初からフルに使う計画は控える方が賢明です。講義の流れと必要時間は最初からすべて計画できるものではありません。途中で質問が出ることや、例題回答のより詳しい解説が必要になることもあります。時間的な余裕づくりは一回の授業だけで考えていてもうまくいかない場合が多いのも事実です。一つの講義で全部で十五回の授業があるのなら、十四回分の授業ですべての内容をカバーできるようにしておくのがよいように思います。何かがあった時にそれを吸収できる時間的余裕を常にもっておくことは重要なことなのです。

なお、最近の私の講義に対する自由記述アンケートの中には、「授業に途中から来たのだけれど、話がわからなかった」というちょっとあきれたコメントもありました。が、これは実は意図するところであります。開始時刻を守るという学生側の責務を果たさない者（途中から遅刻してくる学生）に応じたサービスは、時間的余裕があったとしてもむしろ行ってはなりません。具体的にここでいうサービスとは、遅れてきた学生に「今までこうゆう話をしたのだよ」と再度親切に解説する行為を指します。このようなサービスはむしろ途中から来てもよいことを暗に示唆するものであり、まじめに最初から出席しようとしている受講者の気持ちと時間を損なうことになるからです。

六 「距離」を短く

人とコミュニケーションを行うためには、あまり距離的に離れすぎないことが必要です。講義室が広い場合に、後ろの方ばかりに学生が固まって座ってしまうということがよくあります。そのような状況は、やはり話す側と聞く側の距離があいてしまうという観点から望ましいことではありません。しかし、「前に座れ」と指示するだけではなかなか自主的に前から座るということは難しい場合が多いのも現実です。だいたいにおいて彼らは強い理由があって後ろに座っているのではなく、何となく後ろに座る方が心理的に楽だというのが一般的です。他の学生よりも進んで前に座ること

が何となく照れくさいという理由もあるでしょう。ただ、このように物理的に「何となく離れる」ということを容認していると、取り組む気持ちや興味も何となく離れていくという心理的なサイクルが生じます。結果的に授業としての成功につながりません。

教室に行ってみて、あまりに学生が後ろに偏って据わっている場合は、授業をはじめる前にごっそりと席の移動をさせるということも私はよく行っています。また、そのような場合は学生の自主性に任せるというよりは、断固として移動させるという態度をとる方がよいといえます。また、授業の中で、どうしても前に座らざるをえない、もしくは前に座りたくなるような仕掛けも私はいくつか試しています。そのためにはいろいろなテクニックが考えられますが、ぜひ一度自分で考えて実験されることをおすすめします。

また、教室のすみずみまで声が届いているということは重要です。いくら内容のすぐれた授業を行っても、声が小さければまったく何の価値もありません。経験のない教室で授業をはじめる際には、まず最も自分から遠くに座っている学生に対し、声は聞こえるか、黒板の字は見えるかどうかをしっかりと確認する作業からはじめる必要があります。なお、授業中に指名すると、時々「黒板が見えないのでわかりません。」という学生がいます。そのような学生には「見えないのになぜそこでじっとしてるんだ。」としっかり叱ること。そして一番前の列にスペースをつくってその場ですぐに移動させることです。

七　説明責任（アカウンタビリティ）を果たす

　さて、先に授業評価アンケートに対する数量化モデル分析の結果から、項目二で「熱意」が一番に、そして項目三で「わかりやすさ」が二番目に総合評価に効いているということを述べました。三番目に総合評価に効いている要因ですが、モデル分析の結果、「説明責任（アカウンタビリティ）」ということがわかりました。具体的には、「成績評価方法は妥当と考えられるか」、「レポートや課題の指示は適切であったと考えられるか」といった評価項目がこれに相当します。

　アカウンタビリティという言葉は少し難し

きちんと評価されているか心配

いですが、最近社会における合意形成などに関連し、さまざまな機会に用いられるようになっている重要な概念です。辞書（スーパー大辞林）によると「社会の了解や合意を得るために、業務や研究活動の内容について対外的に説明する責任のこと」という解説がなされています。自分が学生であった時のことを思い出していただくとわかると思いますが、その講義の単位が取れるかどうかが学生にとっては死活問題です。一方、単位認定にあたって、中間レポートや最終試験をどのような比率で重み付けするかは担当教官の裁量に任されています。学生にとってはどのような比重で重み付けされるかということがわからないのは、講義を受ける上での一つの不安の種ということができます。何についてどれだけ努力すればどのように報われるのか、それを透明にしておくことは講義の風通しをよくします。

レポート等の指示が的確で明快であることも同じ効果があります。私は以前自分の授業で、時間の終わりに残った課題を「これを来週の授業のときにレポートで出すように」と指示しておきながら、そのことをまったく忘れてレポートを回収しなかったことがあります。このときは授業評価アンケートで「レポートとして指示しておきながら、それを回収しないのはけしからん。」といったコメントが何件か寄せられました。教官が学生との間で必要なことはきちんと取り決めし、その内容を明らかにする。そしてそれを守るということがこのアカウンタビリティの基本となります。これらはすべて相互の信頼関係を築く上で重要な事柄ということができます。

八 「地図」を示す

先に述べたようなアカウンタビリティを確保していくために、教官による口頭での説明以外に、最近の大学ではシラバスという授業概要集が事前に整備されるようになってきています。さらに近年では、各講義の到達目標も明示されるようになっています。このようなことは、数十年前の我が国の大学では考えられず、学生にとってはたいへん恵まれた学習環境になってきたということができます。ただ、実際に配布されているシラバスが十分役にたつ内容となっているか、適切な使われ方をされているかどうかはまだ疑問があります。

よくある問題は、シラバスの印刷期限が早いため、実際に翌年度に実施する講義がまだ調整されず、内容が

固まっていない段階で教官はシラバス原稿を提出するということが発生します。このような場合、シラバスの記述内容はどのような授業を実際に行ってもそれがウソとならないよう、概略的な内容しか記載できません。また、シラバスは一般に非常に分厚く、授業の時に学生が持参できるものではありません。講義の達成目標が一覧として事前に配布されても、そのことを理解して授業に参加する者も残念ながらそれほど多くはありません。

このような状況から、その講義の第一回目の授業実施時に、シラバスの該当部分とその講義の達成目標について印刷し、受講者に配布説明するのが望ましいといえます。これは、これから山の中を歩くのに、地図を家に置いてきた人に対し、自分が今どこにいるのかを理解し、納得して歩いていけるように地図を手許に渡してあげるという行為に該当します。これだけの簡単な行為を実施するだけで、その講義に対するアカウンタビリティはかなり上昇します。

なお、余談ですが、以前の大学ではシラバスや達成目標などの指針が何も示されない中で、学生各自が各講義の意義や体系を自分で探求するということが求められていたといえます。地図がもらえない状況の中で、自分なりに地図を頭の中に構成できるか？ということが試されていたわけです。個人的には本当はそのような能力が大学卒業者に求められる重要な能力の一つであり、トレーニングすべき事柄ではないのかと思っています。我々は学生を過保護にして、そのような大切な機会を奪っているのではないかという気持ちを心の半分でもっています。

九 同じ話をする、同じ話をしない、同じ話もする

講義の中で大事な事項は一度話すだけでは足りません。授業中に一度話し、時間の最後に簡単にまとめてもう一度話し、さらに次回の授業時の最初にもう一度触れる、すなわち三回同じ話をするぐらいのつもりが望ましいといえます。これぐらいやらないと大切な部分はなかなか伝わらないのです。

一方、「あれ、これは一度聞いたな」という話を何度も聞かされるのは聞いている方としてはあまり快適なものではありません。それは教官が講義内容に対して注意を払っていないという一種の不信感を学生側に発生させます。また、聞いている側として「またこの話か」と思うと、頭の中で無意識のうちに話を聴こうという回路をオフにしてしまうことも事実です。以前話したということを忘れてしまって、同じ聴衆に対して同じ話を繰り返すのはやはりお勧めできません。

以上の二つのこと（同じ話をするのがよいのか、悪いのか）は互いに矛盾しているようにも思われます。しかし、教官側で同じ話だと認識した上で、重要だから再度説明しているのだという意図が伝わるように繰り返し話すことと、教官が認識しないでうっかりと同じ話を繰り返すということ

は、聴衆にとってはまったく異なる響きをもって耳に入ります。

授業時間は有限であるため、どのようなバランスで何を繰り返し話すかということは常に考えながら授業を進めねばなりません。すなわち、「同じ話をし」、「同じ話をせず」、そして「同じ話もする」ように、何を重ねて話すのかを常に気にする必要があります。このことは取りも直さず、その講義で自分が何を話したかを覚えておくということです。一回の授業の中でどうしても理解が必要で大切なことは、本当はいくつぐらい有るのでしょうか？　その整理があなたの頭の中でついていれば、じつはこのことはそれほど難しいことではありません。

同じ話

十 捨てることを考える

聴衆の集中力をどれだけ持続させることができるか、そのためにどのような工夫をするかということが、評価の高い授業を行う上での大きなポイントとなります。

よくOHPやパワーポイントの発表で、スクリーン上にはいろいろと書いてあるのに、説明するのはその一部しか説明しないというケースを散見します。そのような話し方は、授業として適切とはいえません。相手に全部理解してもらおうと思うものしか視野の中に示すべきではないのです。示したものについては完全にその内容を伝えるようにします。今何か見せてもらったけど、もしくは今何かちょっと話で触れたけど、それはいったい何だったのかよくわからない。説明も十分なかったし、よく見えなかった・・・。という中途半端な説明の仕方を避けるということです。換言すると、常に焦点を絞った説明の仕方を心がける必要があります。中途半端な情報は思い切って捨てるべきです。

これは話の仕方だけに限定される事柄ではなく、授業中のさまざまな行為すべてに関係します。たとえば、授業中に参考資料をプリントで配布する場合、どのような内容のプリントをつくるか、また授業中のいつの時点で配布するかなど、いずれも聴衆の集中力を持続させる方向で、その分量やタイミングを考える必要があります。いずれの場合も余分な部分は積極的に捨てることを考えなければなりません。

学生の授業中における視点をどのように誘導するかということも、集中力の持続に深く関係します。たとえば、テレビの教育番組やワイドショーなどでは、設問に対して回答に紙を貼り付けてあらかじめ隠しておき、話しながらその紙をはがすことでそこに聴衆の意識を繰り返し集中させるという技法がよく使われています。その中には、対象としているトピック以外の余分な情報は一切含まれていません。授業で特定のトピックについて説明を行う時、何かを加えて話をするというより、何かを捨てて話をするという態度で臨むほうがうまくいくのです。

大事なものはこれだけ！

第三章

授業評価ポイントアップ方策

中級編　十か条

一 パワーポイントを使わない

この項目は「パワーポイントを使うこと」のミスプリントではありません。実際によい講義を行うための指針などには「パワーポイントなどを授業に導入してわかりやすい話をするよう心がけよ」などという条項がよく書かれています。が、現在までの学生からの自由記述アンケートの結果を読む限り、授業にパワーポイントを使わないでほしいという意見の方が実は多いのです。

実は私も一時期、授業をわかりやすくしようと思ってパワーポイントを積極的に導入したことがありました。しかし、その結果、明らかに授業評価は下がりました。その理由は、①ノートがとりにくい　②話についていけない　③眠くなる、といったものでした。学会などではパワーポイントを利用することが最も効果的なプレゼンの方法であろうことは間違いありません。しかし、それと授業を混同してはいけません。パワーポイントを用いると効率的に説明ができるため、どうしても授業としては必要以上に短時間に内容を詰め込んでしまいます。相手は専門家ではありません。部屋を暗くするのでノートが取りづらく、教科書なども読みづらくなります。教官としては学生の顔が見えず、パワーポイントの説明に集中するのでコミュニケーションもとれず、眠くなるのは当然です。

なお、もしあなたが十分に時間に余裕があり、授業のリズムにあわせたパワーポイントをゼロから工夫して作成するというのなら話は別です。しかし、私の知る範囲では、忙しくて優秀な先生ほどそのような時間はありません。勢い、ほとんどの授業において使われているパワーポイントは、外部での学会発表や講演会の際に作成したものの一部を流用しているということになっていませんか？ これは手抜きの一形態でしかないということに気づく必要があります。パワーポイントを使ってさえいれば工夫したわかりやすい授業なのだという判断・評価は幻想でしかありません。

実は手抜きの図

二 最新の話題を常にもっておく

私が学生時代に受けたいくつかの講義の内容を思い出そうとすると、その講義で本当に習ったことは思い出せず、余計な?脱線話しか思い出せないということがよくあります。今の自分の講義においても、授業の本筋にかかわらないトピックを話す方が、学生の目は輝くような気がしてなりません。その理由を考えていくと、まず脱線話というのは数式が出てくるような難解な話はまずないということ。今までの淡々とした授業の流れがそこで変わること。それに実際におこった実話が中心であり、そういう実話は人間の目を覚ます効果があるということではな

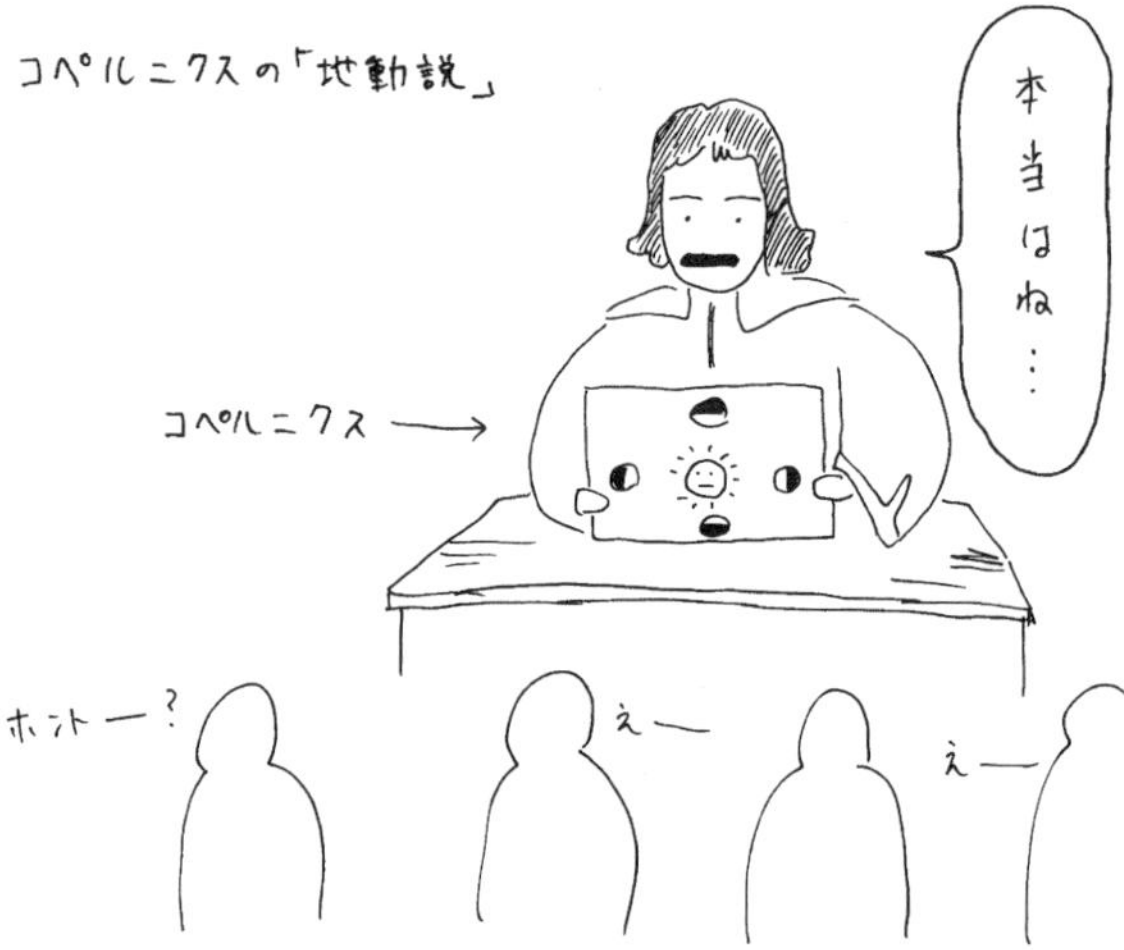

コペルニクスの「地動説」
本当はね…
コペルニクス
ホントー?
えー
えー
最近の話題?

いかと思われます。

私の場合、専門とする都市計画や交通計画の講義である程度まとまった内容を教える際、テキスト的な内容を一通り解説した後、その後に必ず実際はどうなっているかという最新の話題を入れるように心がけています。一種の意図的な脱線ですが、話題としては新しいものほどよい（新しいネタほどおいしい）と感じています。たとえば、教科書には一般的に定説となった内容が書かれていますが、まだ体系化されていなくとも定説を覆す可能性がある話、思い込みで正しいと思われていることが、じつはそれほど正しくないという話などはまさにこれにうってつけといえます。たとえば「住民が参加したまちづくりをすれば、よりよいまちができる」と都市計画のテキストには書いてあり、学生もそのように信じています。しかし、現実は必ずしもそうではありません。住民参加の授業の後には、話し合いを行った結果、利害が交錯し、まちづくりが停止してしまった実例も話すようにします。

なお、初級編で述べましたが、与えられた授業の時間いっぱいに最初から話す内容を計画すると、ほとんどの場合は時間をオーバーしてしまいます。授業時間の三／四程度で話せるという内容を正規の内容として準備し、実際に残りそうな時間分を授業中のどこかで最新の話題提供にあてるという準備の仕方が、個人的には一番よいのではないかと思っています。

三 あなたがここにいる意味を伝える

たとえ苦しい労働であっても、それがどのような役にたっているかということを本人が理解しているならば、途中で放棄せずに最後までやりとげることができる可能性は高まります。授業もこれとまったく同じです。学期の最初には、なぜ自分がこの授業を受けているのか、必ずしも受講者全員が、納得、理解して席に並んでいるわけではありません。友人がとるので何となく自分も履修したという学生は必ず中に含まれています。明確な意図をもって履修している学生に比較し、彼らは少しわからないことが生じた場合に、それを乗り越える気持ちが相対的に小さいのは当然のことといえます。

私はなるべく、その講義がはじまったころに、「なぜこの授業をとってるの？」という質問を授業中に何人かにすることを心がけています。「必修科目だから」は最も悲しい回答です。この講義の内容を理解することで、それはどんな役にたつのか、また、先々の職業選択と結びつけて考えた場合、どのような職業のどういうシーンで役にたつのか、授業の中で少し時間をかけて説明した方がよいように感じています。医学部など明確な専門職と結びついた授業内容になっている場合、受講者の目的意識は明確な場合が多いといえます。また、その逆に文学部や理学部など、実学から距離のある講義の一部では職業と関連づけた説明などがそもそも難しいケースもあります。

そのことが何につながるかが伝わらない授業に対しては、学生からたとえ低い評価がなされてもそれは当然といえます。社会はどんどん変化しています。それに応じて大学で教える内容も科目も変えていかねばなりません。社会のニーズに見合わない授業が残ってしまわないように常に配慮が必要なのです。とても言いにくい例ですが、何かの理由でその教員を大学が雇ってしまったため、誰か学生が授業や指導を受けないといけなくなっている事例もあるように見受けられます。教員の失業防止のために大学や学生は存在するのではありません。

あなたがココにいるイミ

四　よいことはほめる、悪いことはしかる

実はこのことが一番大切で、一番難しいのかもわかりません。先生という立場の者は、余計なことを教えなくとも、このことが実行できていれば本当はそれだけで十分なのかもわからないと感じる時があります。然るべき時にほめて学生をやる気にさえしておけば、自分でどんどん勉強を進めていくようになるのです。

授業中に私語をしている学生をしかると自分の授業評価が下がるのではないかと恐れている先生がおられれば、その考えは改めた方がよいといえます。私語をしている学生にどのように接すればよいか？　私は思いきりしかります。居眠りをしている学生には頃合いを見計らって指名して質問するようにしています。また、授業の途中で教室を出入りする学生については、つかまえてかなり厳しいことを言います。中には出席をとった後でこっそり部屋を抜ける学生もいますが、そのような学生には二回分欠席扱いにします。またそのように扱うことを公言します。

そうすることによって、その態度の悪い学生の行いが改善するかどうかということは、興味の対象ではありません。このような姿勢を示すことは、彼ら本人のためというよりは、むしろ彼ら以外

のきちんと授業を聴こうとしている学生の気持ちのために行う必要があるのです。ほめたり叱ったりすることは、学生に対して教官の方針を最もダイレクトに示す方法です。それは「私はこのようなことが重要と考えている」といった言葉による解説よりはるかに有効で時間のかからない方法といえます。

一方で、人をほめるということはかなり意識しないとできないことです。悪い態度、いい加減なレポート他、叱るまで行かなくとも小言の素はいつも山のように見つけることができます。しかし、とてもよくできたレポートや回答は、目にしても「できて当然」という気持ちでついついそのまま見逃してしまいます。とくに授業という場の中でほめるのは、他の学生にとっても刺激となるのでもっとやってよいことではないかと感じています。もちろん、今自分がほめていることは、公平にみてほめるに値するか、えこひいきになってないか、ということを頭の片隅におきながら。

何をほめるのか、何をしかるのか

五 オフィスアワーを嗤《わら》う

自分の大学にも海外の大学のようにオフィスアワーというものが導入されましたが、日本というのは本当にマネをするのが好きな国です。すでにご存知のとおり、オフィスアワーとは、たとえば何曜日の何時から何時の間は研究室に在室し、その時間であれば学生の質問を受け付けますということを公言するシステムです。日本の理系教官としては、授業や外部での会議以外の平日昼間は、基本的には研究室に在室しており、わざわざこのようなオフィスアワーを設定すること自体がナンセンスというのが正直な感覚です。

米国の大学ではオフィスアワー以外にその教官の

門戸は開けておく

所に行っても、「今忙しい」といわれて取り合ってくれないことが往々にしてあります。その後に大学近くのカフェなどでゆっくりお茶をのんでいるその教官と顔をあわせたりすることもあり、時間に対する考え方が非常にドライでないと、なかなかここまでオフィスアワーで割り切ることはできません。いままでのことを考えると、自分が日本で学生と接する場合、一週間に一回のオフィスアワーにだけ時間を限定するのは、どうも現実的ではありません。質問がある学生にはいつでも研究室に来るように推奨するのがやはり基本だと考えています。オフィスアワーを気にせずにいつで来てくださいという姿勢です。むしろ大切なのは、時間をかけて質問したいと考えている学生には、必ず事前にアポをとって訪問するという最低限のマナーを身につけさせるということです。

なお、自分が訪ねた時にいない教官が悪いという王子様のような態度でアクセスしてくる学生は近年少なくありません。しかし、そのような考え方では、やはり将来社会に出てから彼らが痛い目にあいます。また、最近は便利な世の中で、メイルで質問がくるようにもなりました。中には自分の名前さえ名乗らない質問メイルも散見されます。ルールを守ってアクセスしてくる学生は最大限対応し、そうでない学生に対しては、きっちりと振る舞い方のまちがいを指摘する必要があります。最近私が学生に対してよく返信するメイルの一パターンは、「どちら様ですか？　差出人不明の怪しい迷惑メイルにはお応えしていません。」です。

六 個人仕様のレポートを添削する

レポートの添削を行った授業では、授業評価の自由コメントの中に、「返却されたレポートにコメントがしっかり書いてあったのがよかった」という記述をよく見かけます。自分のためにコメントをわざわざ書いてもらったというのは、受講者の満足度をかなり向上させるようです。時間はかかりますが、レポートに限らず、試験など、学生が記述して提出したものに対しては、なるべく添削、朱筆して返却するのが望ましいといえます。

しかし、残念なことに、最近のレポートはホームページから資料を切り貼りして安易に作

きちんと読んでます

成したものもふえています。勢い、その考察内容もオリジナルでなく、切り貼りしたことで論旨が通っていないものが少なくありません。また、同じレポート課題なら、友人のレポートを丸写しして提出したものも散見されます。このような調査考察能力の低下はなげかわしいことですが、それに対抗する方策は、地道にコメントを返し、そのレポートの個々の記述についてどれだけ考えたのかを掘り返してやることしかありません。

また、レポートの丸写しを阻止する方策の一つとして、一人ずつレポート課題の内容を変えてしまうということも一つの手段です。多くの受講者に対してレポート課題の内容を一人一人綿密に考えて作成することは容易ではありませんので、何か効率的に個人仕様のレポート課題を作成するための方法を準備しておく必要があります。私がよく使う個人仕様レポートの作成方法は、「自分の住んでいる地区に関する＊＊＊問題について調べ、改善方法について論述せよ」といった方法です。これだと自動的に皆、内容の異なるレポートを書かざるを得ないことになります。また、数値計算に関する課題の場合は「自分の出席番号を数値として入れた場合の計算結果を示せ」といった方法もあります。なお、このような計算をさせる際には、出席番号の数値によって解が存在しないというようなことにならないように注意を払いましょう。完成度の低いレポートに対しては、時間が許すのであれば再度提出させ、フィードバックを行うことができればなお望ましいといえます。

七 質問は公開する

教官の個人評価方法を検討する会議で、「質問がたくさん出るような授業をしている教官は高く評価すべきだ」という意見が出たそうです。その一方で、「私はよくわかる授業を行っているので、そもそも質問などは出ないのだ」と反論する教官もいたそうです。これはまったく不毛な議論です。質問が出る授業が出ない授業よりよいという保証はありません。しかし、質問が出るということは、少なくともその授業を聴いている人間が中にはいるということの証しではあります。教官の個人評価に関連して質問の有無を対象に議論すること自体、本質からはずれているといえます。

さて、授業中に出る質問ですが、もちろんその場で即答できることが理想です。しかし、質問によっては確認作業等を行った上、回答する方が望ましい場合もあります。その場で即答できないのは教官にとって少しバツが悪いですが、誤ったか回答を述べるリスクを冒すよりは、次回の授業時に改めて回答するという扱いにする方がよいといえます。ちなみに米国の授業では、うまく回答できない鋭い質問に対し、「それはgood questionである」といつも質問者を褒めて回答を回避している教官もいました。そのマネはしないようにしたいと思っています。

日本の場合、米国と違うのは皆に聞こえないように個別に質問する学生が多いことです。授業中、教室内を巡回している時にこっそり尋ねてきたり、講義後に個別に質問しにくる学生は少なくありません。しかし、それらの質問の多くは他の学生も潜在的に疑問に思っていることがほとんどです。このような場合、「今、このような質問があったが・・・」と大声で他の学生にも伝えるようにしましょう。疑問は皆で共有するのが効率的であり、思い切って質問した学生の気持ちにも報いることができます。

質問は共有

八 授業の前後に雑談する

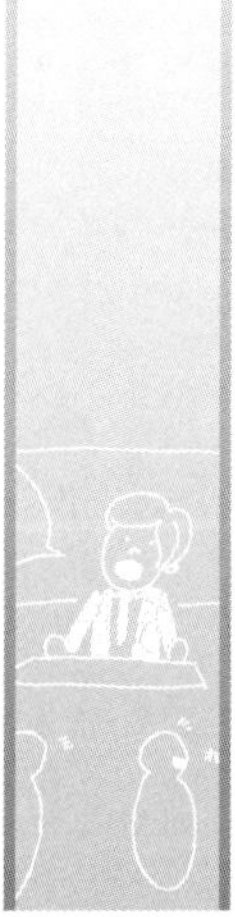

あなたが学生にとってフレンドリーな存在かどうかは、受講満足度にやはり効いてくるようです。これは何も学生にゴマをすれといっているのではありません。学生にとってお高く偉ぶった存在であるよりかは、話しやすい存在である方が、一般にわかりやすい授業であるといわれている双方向型の授業を実現しやすいというだけのことです。

ただ、フレンドリーさというものは実はある程度意図しないとつくれないものであるということを知っておく必要があります。とくに、なかなか時間をとることは難しいですが、学生と雑談することはそのための方策として結構重要です。授業の開始前、少し早く教室に着いた時などや、授業が終了して時間に余裕がある時など、受講者とその授業のことに限らず雑談することをおすすめします。学生にとって普段では切り出しにくい質問を、先生が話しかけてくれた機会に尋ねることができたというのはよくあることである。また、カリキュラムに対する考え方、使用している教材に関する感想をはじめとし、学生の授業に対する本音まで聞くことができれば、授業評価アンケートを実施する以上に授業改善のための有益な情報が得られることはまちがいありません。このような機会が十分あれば、授業改善のための授業評価アンケートなどそもそも必要ないはずなのです。

また、このような学生との雑談でもう一つ重要なことは、通常、授業で表向きのことを話している先生しか知らない学生にとって、ナマの先生がわかるということである。あなたもそこで本音を話すことが必要です。まったく不思議なことですが、学生にとって「よく知っている先生」と「知らない先生」とでは、同じことを授業で聞いても、その頭の中への入っていきかたが大きく違うのです。あなたが彼らにとって「よく知っている先生」になるためのチャンスを提供する機会を設けるということは、学生と先生の両方にとってメリットが非常に大きいといえます。

授業の前後に雑談

九　熊のようにウロウロする

あなたは自分の授業が学生にとってどのような意味をもっているか、授業評価アンケート以外に確認する方法をもっていますか？　前項で述べた雑談による確認はその一つの方法でしょう。しかし、面と向かった話の中では、いくら本音をあなたに話すといってもやはり彼らはこちらに気を遣っています。

何の脈絡もなしに、授業中にいきなり教室の中をウロウロ歩きまわることは、学生にとってのあなたの授業の意味を確認する上で有効な手段です。何だそれだけかと思われるかもわかりませんが、それだけでさまざまなことがわかります。こっそり携帯でメイルしている者、次の時間が締め切りの他の講義のレポートを必死でうつしている者、関係ない雑誌を広げている者、教官にいきなり近くに来られることを想定していない学生達は授業中に実にさまざまなことをしています。一応まじめには聞いているが教科書をもってきていない者や、急に意識が戻る者などもいて、それら多様な生態の観察に飽きることはありません。

そのような行為を見つけたからといって、どれだけ目くじらをたてるかは各教官の考えによると思います。ただ、この熊のようにウロウロ歩き回ることによって、いや、より正確に言うと、授業を受けている学生の背後に回ることによって、自分が今行っている授業の学生にとっての位置づけがいやがうえにもはっきりと透けて見えてきます。自分の授業がどれだけ価値があると思われているか、こちらの伝えたい意図がどれだけ伝わっているか、そして十分に伝わっていないことが判明した場合、その修復が可能であるか・・・。私はおやすみ中だった学生さんの耳元で「次は君をあてるからね」とやさしく囁いて、何事もなかったかのようにウロウロしながら話を続けます。

ウロウロすること

十 学生にも話をさせる

学生の授業に対する集中力を高めるため、また参加意識をもたせるためにも授業中における学生への質問は数多く行うことが理想です。しかし、とても簡単な質問を尋ねているつもりでも、学生からのリアクションは必ずしもこちらが期待するようなものでないことが多いのは事実です。

特に、質問していて困る二つのパターンがあります。一つ目はほとんど瞬間的に「わかりません。」と回答してくる学生。もう一つは、何を尋ねても貝のようにずっとだまって何の反応もない学生です。私の場合、前者の学生には「わからないという回答は許さない。今この場でわかるところまで考えよ。」と投げ返します（上級編の第3条を参照のこと）。しかし、後者の場合は少しやっかいです。授業の進行は川の流れのようなものですので、貝のように黙られて淀みができてしまうと流れのリズムが壊れ、他の学生の集中力も低下してしまいます。このような場合は何度か質問のレベルを下げ、それでも回答が無い場合はスッパリと切り上げて次の学生に順番を回す必要があります。黙っていた本人にはなるべく後で個別に話しをするようにします。

なお、教育上の理由のみならず授業としての流れをつくる上でも、学生には回答をなるべく「単語」ではなく、「会話」として回答させるようにする方がよいといえます。学生に話しをさせることに慣れてくれれば、質問に回答させるだけでなく、むしろこちらが授業として話そうとしている内容をうまく誘導し、学生の口から話させることができればなおよいといえます。学生の多くは、間違ってしかられたらどうしようという気持ちをもっています。また、こんなこともわからないのかということがばれたらどうしようとも思っています。今まで知らなかったということは仕方の無いことです。この場で考えて、話しをしながら、今わかるようになるためにやっているのだという姿勢が大切です。

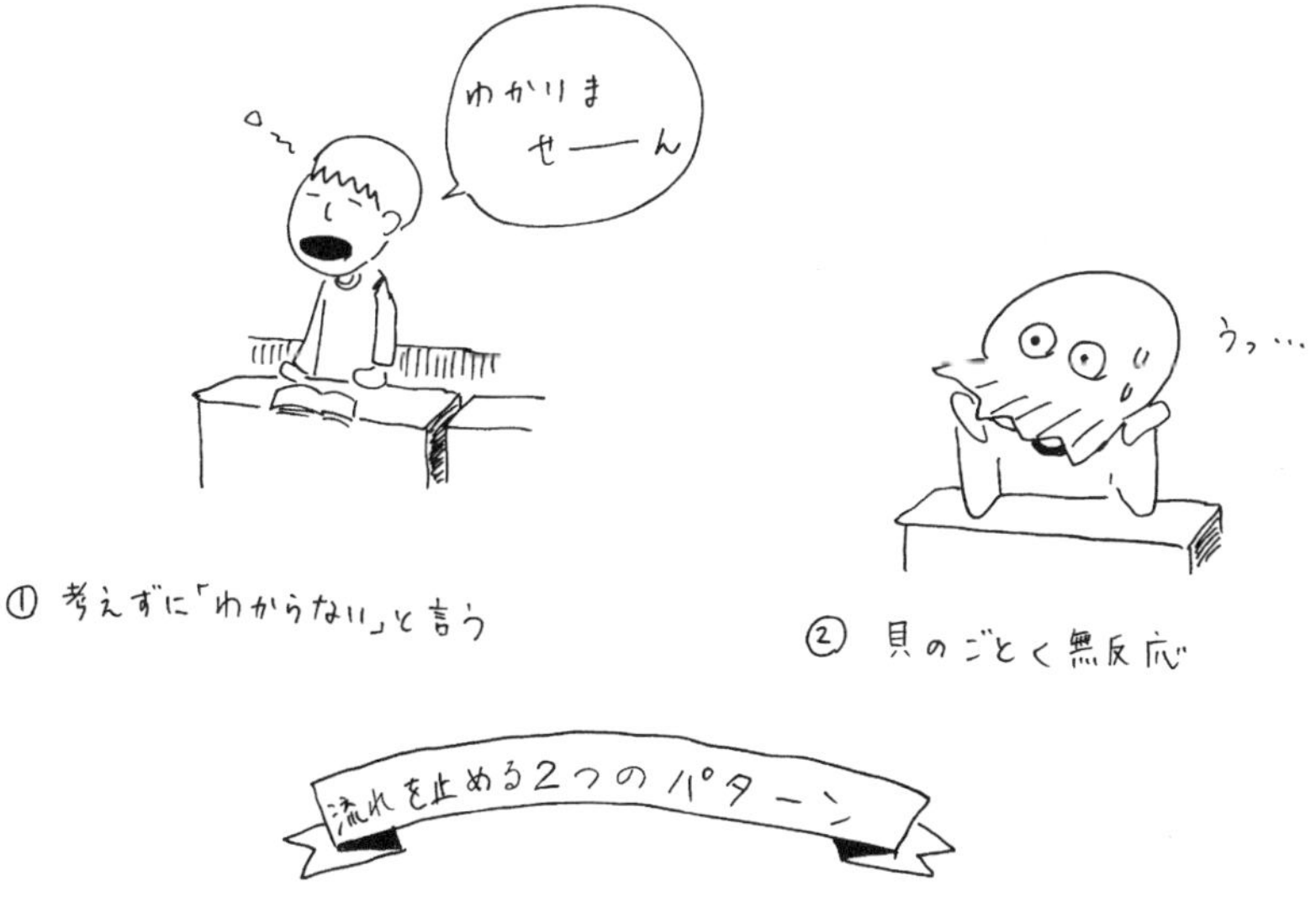
わかりません
①考えずに「わからない」と言う
うっ…
②貝のごとく無反応
流れを止める2つのパターン

第四章

授業評価ポイントアップ方策

上級編 十か条

一　学生のスキを突く

少し前ですが、授業の改善方法を解説した本の中に、「もういわゆる「講義」をするのはやめましょう。」という話を書いておられる先生がおられました。「講義」などと称して大勢を相手に話しをしても、五分もすれば聞いている方は必ず飽きるのだ。という主張で、一方通行的な講義に対する逆説的な批判意見であるといえます。最近いろいろなところで「双方向講義」を進めるようにというお達しもみられます。しかし、いったいどうすれば双方向講義が成功するか（というか、きっかけがつかめるのか）ということはあまり示されていませんし、誰も教えてくれません。

いろいろなやり方があると思いますが、私は授業中に教室の中で最も油断していると思われる学生を意図的に指名し、簡単なことでもよいので何か質問するようにしています。そのためには、如何に受講者が多くとも、授業をしながらいつも部屋全体を見渡して、瞬時に一番油断している学生を見つけることができるように注意を払っています。これは一種剣道のようなスポーツにも近いかもわかりません。一度指名されたからもうあたらないと思っているというのももちろん油断です。なお、油断している学生を叱るという意図でこのことを行うのではなく、「あなたが油断していることを私は知ってますよ（それぐらいきちんと見ていますよ）。」ということを本人にわからせることに意味があります。

言葉は悪いですが、このような学生のスキを突くという行為は、そこでコミュニケーションを発生させ、特別な努力を払わなくとも双方向講義へとつながるきっかけになります。現在までの授業評価アンケートの自由記述を読む限り、スキをつかれた側の学生は、むしろその授業への高い参加意識をもつようになったことが書かれていました。また、授業中にいつ質問が来るかわからないということが頭の片隅にあると、眠気から開放されれ、授業中常に頭を回転させることができたというプラス回答もよく見かけます。

一方通行ではダメ

二 回答に応じて話題を変える

学生を指名し、質問に対して回答させていると、こちらが想定している模範回答ではないけれど、違う話の流れにつながる回答を出してくれる場合があります。そのような場合、想定した回答でなかったからダメというのではなく、その学生が出した回答をきっかけにアドリブで話の流れを変えるということもできるようにしておくと授業は楽しくなります。先ほどの例は剣道でしたが、これはむしろラグビーの球回しに近いように思います。スクラムからのボールの出方によっては、最初に決めていたサインどおりではなく、パスのまわし方を柔軟に変える方がトライを奪いやすい場合があるのと同じです。もちろん授業に慣れていない先生にとっては、授業のストーリーをあらかじめきっちり決めておくほうが話しをしやすいに決まっています。

なお、この方法は行い方によってはぞんざいに授業を行っているようになってしまうことがあるので、その点は注意が必要です。失敗しない方法としては、学生の基礎力をためすようなやりとりにもっていくのが効果的で簡単な方法でしょう。たとえば、私の交通計画の授業では、ある具体的な都市にどのような交通機関が向いているかを学生に尋ねることがあります。そこでの模範解答はバスでも、誤って地下鉄と回答する学生もいます。地下鉄という答は間違いですといって話しの流れをそこでストップするのではなく、今度はその地下鉄という単語をキーワードとしてパス回しをはじめるのです。たとえば、「では、日本で地下鉄のある都市はどこか知っていますか？」、「その都市の人口は何万人ぐらいでしょうか？（より易しい質問への転換）」、「地下鉄の採算がとれるためにはどのような条件が必要でしょうか？（少し考えれば正解に近づける質問への転換）」などの質問から、「そして地下鉄には何人ぐらい乗らないと採算が取れないでしょうか？」という具体的な計算をやらせます。その結果を踏まえ、結果的に地下鉄よりもコストのかからないバスでないと採算が取れないということを間接的に思いつくように誘導します。

色々な「引き出し」を準備しておく

三　「わかりません」は無しにする

適度の緊張感を伴ったコミュニケーションに基づく授業は学生の理解度を高め、ひいては高い授業評価につながります。この上級編で先述した二項目はいずれもこのことを念頭においたものです。しかし、授業中にせっかく質問と回答のコミュニケーションがうまく回り始めても、通常よくおこることは、その回転がすぐに断ち切られてしまうことです。具体的には、何らかの質問や討議に対する回答として、「わかりません」というあっさりした回答がかえってくることを指します。それならばということで、先生側が内容の解説をはじめ、適度な緊張感を伴ったコミュニケーションはそこでおしまいということになるのが常です。また、「わかりません」と回答して先生があっさり解説してくれるなら、学生側はすぐに「わかりません」という回答を誰もが多用するようになります。質問の内容にもよりますが、「わかりません」というのは「考える気がない」だけのことがほとんどなのです。

このような時は、「わかりません」と答えた学生に対し、「どこまで考えてわからないの」と尋ねます。「話を聞いていなくてわかりませんでした。」という学生に対してはしかってかまいません。

「後で他の質問でもう一度あてる」といってそのような学生は飛ばし、後で実際に他の質問であてるようにします。このような学生に再度同じ内容の質問を説明しなおすのは、話をきちんと聞いていた他の学生にとっては時間の無駄でしかないのでそれは行いません。その上で、話をきちんと聞いていたのに「わからない」と答える学生に対しては、「わからない」という回答は受け付けないことを宣言します。本人がどのように考えてわからなかったのか、そのプロセスを話させ、本人の理解の状況に応じて、噛み砕いた、やさしい質問を再度出しなおします。それでもわからないようなら、常識レベルの判断で、その場で考えれば誰でも回答可能な内容の質問までブレークダウンします。このようなルールに基づいて質問を繰り返していれば、あなたの授業では「わかりません」と堂々と回答する学生はいつのまにかいなくなります。

やさしい質問にかえる

四　学生の名前を覚える

実話ですが、ある大学での卒業式のこと、A先生の所にある卒業生が挨拶に来ました。「先生長い間お世話になりました。」しかし、A先生の回答は、「えーと、君は誰だったっけ？」。卒業生は目を丸くして、「先生、ぼくは先生の研究室の学生ですよ！卒論指導もきちんとしていただいたではないですか。」こんな大物の先生は最近さすがに少なくなりましたが、学生にとっては覚えてもらっているはずの名前（というより存在？）を忘れられるということは、一生忘れられないショックとなります。

この逆に、授業についていえば、自分の名前を覚えられることで、その学生にとってその授業がレディメー

オーダーメイドの授業へ

ドからオーダーメードへと大きくグレードがアップします。名前を覚えてもらっているということに気づいた瞬間に、その学生にとってその授業が今までとは異なる風景に見えるのです。このように、学生の名前を覚えるということは、教官が個人一人一人を区別する努力をして授業を行っているという姿勢を学生に知らせることになります。それはすなわち、教官側が授業に対して真剣に取り組んでいることの一つのメッセージとなります。

なお、ぼんやり授業をしていても学生の名前は覚えられません。また、クラスの人数によっては全体のごく一部しか覚えられない場合も多いでしょう。私の場合、難しい質問に対してきちんと回答できた学生、受講態度がふまじめな学生、目にとまる格好をしている学生などに対し、授業内容に関する質問と回答をやりとりする中で「あなたの名前は？」と聞いていくことにしています。また、最初に授業の出席を取りながら、返事した学生の顔と名前を頭の中で結び付けていく方法もあります。いずれにせよ、一回の授業において、あまりたくさんの学生の名前を一度に覚えようとはしない方がよいと思われます。

一度名前を聞いたからといって二度と忘れないということはできません。授業評価アンケートを読んでいると、学生の名前を間違って呼んでしまったケースはさすがに評判が悪いようです。このような名前を間違えてしまった時のリスクも存在するため、この項目は上級編に加えることにしました。

五 学外者を引きずり込む

大学の講義によっては教官一人ではなく、複数の教官が受けもつものがあります。複数の教官で一つの講義を受けもつ場合、お互いの長所が引き出せるような授業の分担の仕方を考える必要があります。以前、二人の教官で担当した講義に対する評価アンケートの中で、「先生によって教え方が違った」ということを問題点にあげた学生がいました。誰がそのような刷り込みをしているのか知りませんが、学生の中には何か決まった正しい教え方があり、教官はそれを忠実に実行すべきものだと思い込

んでいる者が少なくありません。教官の間で教え方が統一されなければならないという理由はどこにもありません。むしろ考え方や教え方の違う先生に接することによって、あなたの考え方も複数の軸から構成される広がりをもった空間になるということを私は学生に伝えるようにしています。また、教官一人でカバーできない部分については、状況が許すなら誰かと組むという方法で解決してもまったくかまわないのです。

あなたが担当となった講義はもちろん責任をもって受けもつ必要がありますが、もし時間（と場合によっては予算）に余裕があるようなら、単発的に学外者に来て話してもらうことも、一般的に学生の受講満足度を向上させます。非常勤講師というような大げさなものではなく、あくまでその講義内容の社会における実際を知っている人や、あなたが話せない話を提供してくれる人にお願いすることがポイントです。野球で言えばワンポイントリリーフです。ただ注意が必要な事柄として、外部の人に授業でのお話を依頼する場合、どうしても肩書き的に「偉い」人にお願いしてしまうきらいがあるということです。役職が偉いからといって、学生に対してうまく話ができるとは限りません。また、大学で話すからといって準備しすぎる人や、妙に卑屈になってしまう人もいます。一回だけのことだからといってその相手に全部投げてしまうのではなく、事前に十分人選し、学生が何を話しとして欲しているか、事前に十分情報提供をしてあげる必要があります。ワンポイントリリーフだから自分は一回分授業をパスできるという発想ではうまくいきません。

六 悪口と自慢話だけはしない

簡単なようでこのことを完全に実行するのは容易ではありません。人間の話すことなどしょせん人の悪口か自慢話のどちらかだとまで言い切る人もいます。授業で学生に伝えるべきことは、悪口や自慢話と本来無縁なはずです。しかし、これは他の条項と異なり、むしろベテランで高齢の教官になるほど客観的にこの項目を実行するのは難しいように思われます。その意味で、この項目は上級者向きです。

悪口や自慢話をいくら積み上げたところで、聞いている側がそのことであなたをプラスに評価するということはありません。本当に一流の教官は、その授業における話の中で悪口や自慢話を動員しなくとも、授業

を受ける側が自発的にその教官に影響されます。このような「影響力」について、上野千鶴子は以下のように整理しています（参考文献7）。『「権力」とは地位に伴う、他者を服従させたりみずからの意志に従わせる能力のことです。この権力は地位に伴うものだから、地位から去ればなくなります。権力の座から追われた元権力者ほどみすぼらしいものはありません。「権威」は地位や制度にもともないますが、権威を権威として受け入れるのは服従者の側です。だから権威は、服従者の側が「王様は裸だ」といえば終わりです。「影響力」は百パーセント、影響を受ける側の選択に依存します。影響力をもっているという言い方をするけれど、それは倒錯的な言い方で、影響力はそれをもっていると見なされる人が自分の意志で行使したいと思っても、できるようなものではありません。受ける側が影響されようと思って影響されるものです。』

自分が大学組織や学会の中で「権力」や「権威」を有していると示そうとするプロセスの中で、悪口や自慢話は往々にして顔を出します。そのことが、その分野についてはじめての授業を受けに来た学生の理解をどれほど助けるのか、よく考えてみることが必要です。一方で、「この先生に影響されたい」と思わせる「影響力」を生むものはいったい何なのでしょうか。それはこの本の範囲を超える話題ではありますが、会ってお話をするのが楽しみと思われる教官であることが、まず基本であると思われます。

七 ささいな疑問、発見をバカにしない

何にでも感動しやすい人間は年をとらないといいます。感動とまではいかなくとも、まず「これは面白い」とか「これはいったい何だろう」「なぜだろう」と思うことは脳が活発に考えたり集中するための前提条件であることは疑う余地がないでしょう。授業を聞いている学生が、「それはいったいなぜだろう」という気持ちをもつようであれば、すでにその授業は成功したといってもかまわないと思います。「いったいなぜだろう」という気持ちは「理解してみよう」という努力行為につながり、努力の結果はじめて「理解できた」ということになるからです。努力しないでも理解できることもあるかもわかりませんが、それはむしろ「つまらない」と感じるのが普通です。いくらかの労力をかけて得た「理解できた」という気持ちは、受講満足度の向上に直結しています。

教官として、そして研究者として、あなたが何に対して「なぜだろう」「これは面白い」と感じたかを学生に伝えることはその手始めとして重要です。生まれたばかりの人間は何が面白くて何がつまらないかがわかりません。周囲の人間と接することでそれを覚えていくことが、すなわち「成長」です。つまらない人間とだけ接していればつまらないことに心を動かすようになってしまいま

す。専門分野に初めて接する学生は、その専門分野については赤ん坊と同じです。あなたの授業の受講者は、あなたが何に心を動かされるかについて冷静に観察しています。自分が最初に研究に取り組んだ頃、「あれっ?」と思ったことを思い出してみてください。こんなことがよく考えてみると非常に面白いんだ、ということを教えるのも実はあなたの大事な仕事です。あなたが何に心を動かすかで教育される学生の質も確実に変わるのです。

金子みすゞ　「不思議」より抄（参考文献8）

私は不思議でたまらない、
黒い雲からふる雨が、
銀にひかっていることが。

私は不思議でたまらない、
青い桑の葉たべている、
蚕が白くなることが。

八 米国の大学講義に出席してみる

ちょっと奇抜な項目と思われるかもわかりませんが、個人的には効果が大きい方策としてお奨めします。私は以前、米国の大学に研究員として所属していた時、知り合いの先生の講義に聴講生として出席し、日本で教えていただけでは遭遇することのなかった多くの貴重な情報を得ることができました。米国の大学講義が何もかもすばらしいと手放しで賞賛するつもりはありません。しかし、明らかに日本の授業とは異なる発想に基づいて進められており、出席するだけでも非常に強い刺激を受けるはずです。もちろん同じ米国でも教官によって授業の進め方はかなり異なるとは思いますが、教えるということ、授業をするということの幅を知る上で非常に参考になります。とくに学生に対する評価の中でコミュニケーション能力も重視されるため、学生は自分の評価を高めるためにとにかく積極的に発言します。教官もそれらの意見を非常にうまくマネージしながら話をすすめていきます。

学会などの席で知り合いになった先生がおられるなら、ぜひ機会を見つけて授業に同席させてもらうことを考えればよいでしょう。また、米国に限らず海外の大学などに運よく滞在できるチャンスを得た人は、研究室に籠っているだけではなく、そこでどのような教育が行われているのか、教室に出かけていって首をつっこんでみることです。授業に参加しても英語がすべて聞き取れないかもわからないといった余計な心配をするのはやめましょう。

また、米国の大学では、ティーチングアシスタントなどの若手研究者に対し、どのようにすれば教える技術を向上させることができるか、マニュアルを作成して配布しているところもあります。ちなみに米国はマグドナルドの販売員に至るまでマニュアルをベースに仕事をしており、一種のマニュアル社会と呼ぶことができます。マニュアルというのは、まったくの素人でもそれをみれば要求されるレベルの仕事ができるようになるというものです。参考文献リストにも例示しましたが、それらの中にも教えることの素人から脱却するために役立つものがいくつかあります。

世界は広い

九　昨年と同じ講義はしない

高校のときにさかのぼりますが、好きでなかった授業の一つにマシンのようにノートに記入された文言を黒板に書き写し、それを朗読するという先生がおられました。そのノートは何年も何年も同じものを使われているということで、板書して話す内容は毎年判でついたようにまったく同じだったようです。このような授業なら、別に人間が行う必要はありません。本当にマシンが行えばよいのです。そう、授業をするあなたはマシンではありません。だから聞いている側もマシンではない変化のある応答を心の中では期待しています。

これとは完全に同じではありませんが、最近少し気になることがあります。それはｅラーニングといって、ネット上でなされる放映型講義のことです。好き嫌いはあろうかと思いますが、私なら多分ｅラーニングの放送に対して、たとえそれが興味深い内容であったとしても、時間の最後まで見続ける根気が続かないのではないかと思われます。また、誰もがネットでアクセスして講義を受講できるのであれば、分野ごとに最も授業の上手な先生が日本で一人だけいればよいようにも思えます。

とくに大学院の授業に対してですが、私は自分に昨年と同じ内容の授業はしないというルールを課すことにしています。楽に授業をしようと思えば、先述したような同じ講義を毎年繰り返す先生になってしまえばよいのです。昨年と同じ授業をしないと決めれば、今年の授業を変更しないといけなくなるため、学生から授業評価で指摘のあった改善の必要な点は来年の授業内容にあわせて反映することが容易に可能となります。そして、何より新しい話題を常に取り込むことを必然的に行うこととなり、授業の新鮮味が知らないうちに常に確保されることになります。昨年とまったく同じ授業をやってしまった時、それが自分にとって教える者としての限界が来た時だと考えねばならないと思っています。

マシンにまかせる？

十 そして、あなたの個性を大切に

先に述べた通り、私は十年以上前から個人的に授業評価アンケートを行ってきました。その結果、自分の授業について、話し声は大きくてよく聞き取れるらしい、が、字は下手クソで黒板などとても読めたものではないらしい、ということがわかっています。この評価結果のパターンは毎年自分が行うどの授業でもほとんど変わりません。これらは個性というほどのものではないですが、十年以上たっても直せないものはどのように努力してもやはり直りそうにありません。生れ変わって子供の間に書道教室にでも行くしかないと思っています。

ここで言いたいことは、授業評価項目のすべてにおいて完璧になろうとするのはとてもたいへんだし、あまり意味の無いことなのではないかということです。教えるということはかなりの部分「技術」に拠っています。だからこのようなガイドでも読んで個々の技術を向上させることで、明らかに授業評価結果はある程度改善します。一方、その人間の経験や人格が、教えるという行為に投影する味や深みというものも当然あります。上手だといわれる他人の授業をつぶさに観察し、その完全なまねをしようとしてもうまくいくわけではありません。

最近は研修の一環と称し、他の教官の授業を参観させてはどうかという案を出す方もおられるようですが、現場を知らない迷惑な思いつきであり、制度として導入されるのは悪い趣味としかいえません。また、そのような時間があればそれより先にやらないといけないことを抱えているのがこの冊子の読者だと思います。授業のノウハウを盗みたいと思う先生がいるのなら、教える側も「よそ行き」を装おう参観などではなく、その授業の受講者として席にならぶ方が結局は近道です。

三十か条の最後となりましたが、あなたは他の教官と同じではありません。あなたしかできないという授業があるはずです。授業評価のいくつかの項目がたとえ芳しくなくとも、あなたが自信をもった講義ができるようであれば、総合的な評価はやがて改善されるはずです。

みんな違うのだ

第五章

管理者編 十か条

（授業評価アンケート導入から教員個人評価へ）

一　どんな授業評価アンケートをつくるのか

近年は大学が組織として、学生による授業評価を教官の個人評価として活用する動きも各所でみられます。ただ、その活用実績が十分ないこともあり、組織の管理者はその結果をどのように用いれば研究者一人一人の働くモチベーションを高めるために生かすことができるのか、たいへん悩んでいるものと思われます。以上のような状況をふまえ、本章では典型的な授業評価アンケートの内容から、その個人評価としての活用に至るまで、管理者にとって気になる事柄とそれに対する対策を整理します。

まず、どのような内容の授業評価アンケートをつくるかということですが、ゼロからつくりあげるのは簡単で

評価は気になる

はありません。しかし、授業評価の際に尋ねなければならないことはだいたい決まっているので、他校などですでに実施されているものをいくつか取り寄せ、それらを参考にたたき台をつくるという方法が一番効率的でしょう。本書では参考までに、岡山大学で平成十六年度に採用されていた授業評価アンケートの評価項目を付録1に示します。一般的に、授業評価アンケートの本体部分の中身は、さまざまな項目に対する評価と、それらを総合したその授業に対する総合評価を尋ねる部分とから構成されています。調査項目には漏れがないことが必要ですが、それ以上に何でも尋ねればよいというものではなく、項目をなるべく絞り込むことも大切です。また、最近では学生自身がその授業の達成目標をどれだけクリアできたかを尋ねる達成度評価をあわせて実施するケースもみられます。

評価項目の中身よりも、むしろ難しいのはどのような形で実施、回収するかということです。通常授業評価アンケートは無記名で実施されます。一人の学生が不適切な意図をもって複数枚回答したりすることを防止するということに加え、いい加減な気持ちで回答することがないように学籍番号を記入させるケースもあります。また、回収の際は授業担当教官の介在を避けるため、学生個人が提出箱に持参するという方式をとっている所もあります。ただ、それでは回収率が低いケースが多いので、教官が最後の講義中に実施・回収し、その場で封をして事務局に提出するという場合もみられます。

二 その有効性を正しく理解する

授業評価アンケートを組織として導入する場合、それに対して否定的な意見を述べる教官はかならず存在します。とくに授業評価アンケートの結果を教員の個人評価に用いようとする場合は、その有効性と限界の両方を管理者は正しく理解しておかねばなりません。いままで十分実証されている有効性に対してまで反対する教官に対しては、毅然とした態度で接する必要があります。その逆に意識調査の限界を理解しない教員評価への応用は、百害あって一利なしです。幸い、これらの問題に対し、すでに実際の授業評価結果を用いた

カゼだなぁ….
何かクスリないかな〜
下剤
まちがって使うな

多くの実証分析がなされています。その詳細については、古宮（参考文献3）に詳しいですが、ここではその中から、根拠のない否定的意見に対する客観的な反証例をいくつか紹介しておきます。

否定的意見の代表例として「授業評価はしょせん人気投票にすぎず、授業での学びを反映したものではない。」というものがあります。しかし、国内外十件の授業評価と成績内容などに関する実証分析結果から、授業でどれだけ学んだかということを判断基準にして学生が授業評価を行っているということが統計的に示されています。すなわち、授業評価アンケートと人気投票はまったく別物であるということです。同様に、「勉強しなくてよい楽な教科を学生は甘く評価する」「点数を甘くつければ学生は甘い授業評価をする」という疑いも、既存の授業評価に対する統計的検討結果からそのようなことはないことが明らかにされています。授業評価アンケートはその授業の改善が必要な部分を問うものであり、行い方を誤らない限り、その限定的な範囲内において客観的で有効性の高い情報が得られると考えて差し支えありません。

なお、世界の中で最も学生による授業評価が浸透している米国では、一九二〇年という昔から授業評価が実施されているにも関わらず、いまだに否定的意見はなくなりません。この点について、古宮は既存の米国における研究成果を引用し「給料や職までもが授業能力に左右されるのであれば、授業能力を測定しようとするどんな方法も彼らには脅威であるため、否定的意見はなくならない。」と述べています。

三 人気投票と混同しない

前項では、授業評価アンケート結果がどのような範囲で有効性をもつかについて述べました。教官の個人評価にその有効性の範囲内で活用することは大きな問題はないといえます。ただ、困ったことに、一部の大学の中には学生による授業評価と、学生による教官の人気投票の区別がわかっていないところが実際に存在しているようです。先の項で述べたとおり、この二つはまったく異なる性格をもつもので、混同してはなりません。

具体的には、私の知っている大学の中に、あなたがよいと思う教官を三人、悪いと思う教官を三人記載せよというアンケートを学生に対して実施し、実際にその結果を教官の個人評価に利用しようとしているところがあります。このような人気投票を個人評価に利用したところで、先の項で述べたとおり、それがその教官の行っている授業内容の改善に直結するわけではありません。むしろ組織が教官の人気投票結果で個人評価を行おうとするなら、それは教官が自分の授業を改善することによってではなく、学生への人気取りをして評価をあげようとする行為を後押しすることになります。

大多数の教官にとって、地道に授業の内容を改善していくことより、何か適当なことを言って人気取りに走る方が労力的には簡単です。すなわち、人気投票に基づく個人評価を導入すれば、地道に授業を改善しようとする教官を排除することになります。このような人気投票に基づく教官評価を行っても、それは大学の組織において何もよい結果を生まず、うすっぺらな教官を生み出すだけになってしまいます。さらに、このような混同が生じている限り、授業評価というたいへん有効な授業改善手段が、正しく認識されることなく、結果的にその効力を十分に発揮することができなくなります。

人気とりに走らない

四　一割の講義が九割の不満を生んでいる

自分の専門分野の例えで恐縮ですが、自動車から出る大気汚染の九割は、エンジン不良の一割の車から排出されているといわれています。道路を走っていると、黒煙を出すように走っている車を見かけますが、そのような一部の車を改善するだけで、車が原因となっている大気汚染のかなりの部分が解消されます。教官に対する学生の授業評価もどうやらこれと同じ構造ではないかということを感じています。

私は米国の講義の真似をして、大学の組織とは無関係に独自に授業評価アンケート

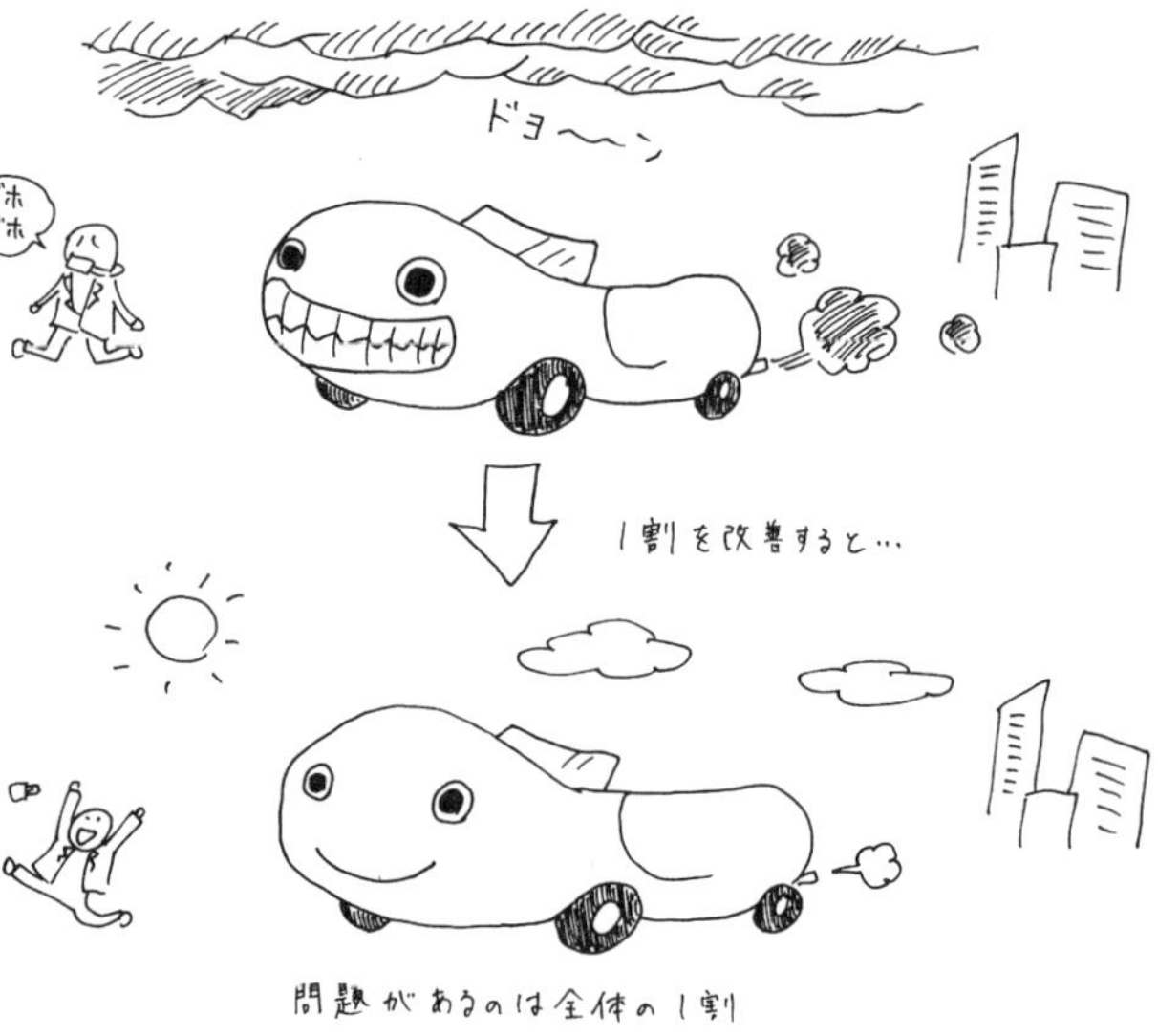
ドヨ〜〜ン
ゲホゲホ
1割を改善すると…
問題があるのは全体の1割

をはじめたため、他の教官が実施していないのに自分だけが実施していた時期が十年ほどありました。先にも書いたように、当時の日本の大学では学生の授業に対する意見を汲み上げるという発想そのものがありませんでした。授業評価アンケートというもの自体がそもそも珍しかったため、私は読みきれないほどの有益な数多くのコメントを回収していました。ただ、学生にとってそのような場が他になかったためか、まったく予想さえできなかった回答もありました。それは、少なくない数の学生から、例外的なごく数人の先生方のひどい授業に対するクレームが、その実名入りでアンケートの中に記載されて私の手許に寄せられることになってしまったということです。それらは、教官が授業をほとんどしにこない、授業で教えた内容が間違っていたなど、授業評価やティーチング技術以前の問題がほとんどで、このような授業は許されないと、他人事ながら憤りさえ感じました。

このようなひどい教官はごく一部です。しかし、彼らは確かに存在します。このようなごく一部の、しかし深刻な問題授業を改善するだけで、学科や学部全体における授業に対する学生の満足度はかなり向上するものと考えられます。結局はこの一割の問題をなくすための作業に、残り九割の問題の無い先生方が個人評価につきあわされているというのが現実なのかもわかりません。管理者側に求められる技能としては、いかに問題のない九割の教官の仕事の邪魔をせず、一割の問題教官を改善できるかということでしょうか。

五 専門外、大人数授業は難しい

管理者にとって、授業評価の結果には授業のタイプに応じて「くせ」が含まれることも理解しておく必要があります。受講者数の多い授業と少ない授業は、一般的に後者の方が同じ授業内容でも授業評価結果が高くなる傾向があります。また、一～二年生で履修する一般教養科目に比べると、上級生になってから履修する専門科目の方が授業評価結果は高くなる場合が多いといえます。さらに、先生が教室の前で話をしている一般の講義よりは、演習や実験型の講義の方が授業評価結果は明確に高くなる傾向にあります。

このような傾向があらわれるのは、いずれもそれなりの理由があってのことです。受講者数の多い授業より少ない授業の方が、受講者の一人一人まで目が行き届き、学生側からみれば親切な授業をしてもらった気持ちになりやすいと言えます。また、一般教養科目に比較すると、専門科目は授業内容により興味をもって取り組んでいる学生の割合が高く、このような授業に対する受講者の向き合い方の違いが授業評価結果にも結果的に投影されます。さらに、学生とのコミュニケーションをいやでも内包する演習・実験講義ではこのような高評価の傾向はさらに顕著となります。その分野に興味がある人ばかりが集まり、目の十分に行き届く家族的雰囲気の中で行われる評価は、高い値が得られて当然といえます。

以上のことを逆から考えると、自分の専門外となる教養などの講義で、しかも大人数の学生を相手に高い授業評価を得ている教官がいるとすれば、その実力は本物であると評価して間違いありません。それぞれの講義における授業評価アンケートの結果は、いずれもそれなりに参考になることは確かですが、対象としている講義の性格が大きく異なる場合は、そのことを頭の片隅に置いた上で評価結果をみる必要があります。

演習型少数授業では高評価を得やすい

六　変化値で評価してはならない

何に対する評価システムを導入する際でも、注意しなければならない鉄則が一つあります。それは、実際に「よりよい」ものを「よりよい」として評価できるようにするというごくごく当たり前のことです。多少評価の精度は悪くとも、「よくない」方が「よく」評価されてしまうという逆転現象の発生だけは避けなければなりません。そのようなことはやっていないと思っていても、授業評価結果の変化値（昨年と比較してどれだけ評価が向上したか）を評価指標の一つとして考えているようなら、この誤りを

おかしてしまうことになります。次の「ブライアン法案」の話を読んでいただければその真意はご理解いただけることでしょう。

人種差別的法案です。

ブライアン法案とは、かつて米国で、性能の優れた日本車の輸入を食い止めるために仕組まれた人種差別的法案です。一言でいえば、「米国での自動車の販売は、環境に配慮したメーカーに優先的な販売権を与える。」というものです。これだけ読めば問題ありませんが、その判断基準は「環境に配慮したメーカーとは、昨年と今年で生産した自動車の排ガス量を比較し、その削減率（変化値）が大きなメーカーとする。」というものでした。この法案は、この時までに長い間かかってエンジンの改善に取り組んできた日本車の排ガス削減率改善が限界に達しているのを見越し、まだエンジンの改善をはじめたばかりで排ガス削減率が大幅に向上した米国車に優先販売権を与えようという意図をもった悪意に満ちた差別的な法案です。この法案における「排ガス削減率」を「授業評価改善率」と読み替えていただければ、変化値について評価を行うのが如何に不適切であるかおわかりいただけるかと思います。

なお、変化値はまったく利用する価値のない評価指標なのではなく、改善の見込みがあるか無いか、というような検討を行う場合には有効な指標となります。もともとの評価値が非常に低く、とくに改善を行うことが求められる教官に対してのみ、その改善の実効性を検討するために利用してよいといえます。

七 他人の評価結果と混ぜない

評価というものはそもそも個人個人に帰するものです。他の人と評価結果を混ぜてしまうと、前項のように、必ずしも「よりよい」者が「よりよい」評価を得るとは限らなくなります。具体的には、複数の教官で担当した授業に対する評価結果を、個人評価の対象に含めてはならないということです。あくまでその教官が単独で行った授業に対する評価のみを教員評価の対象とする必要があります。

なお、大学の中には、複数の教官で担当した授業に対する評価結果も個人評価に反映させるために、その各自が受けもった時間数で評価得点をウェイト付けして加算しているケースも散見されます。しかし、この方式だと、同じ授業を分担した異なる複数の教官に、平均的な評価値を同じ数値として割り付けることになります。このため、本来評価の高いはずの教官の評価は下がり、評価の低いはずの教官は実際よりも高い評価を得ることになります。結果としては非常に内容の薄まった評価を実施することになります。

内容が薄いだけならまだ許せますが、複数教官担当の授業においては次のようなさまざまな問題が発生することが多く、状況によっては「よりよい」ものが「よりよい」評価を得るとは限りません。たとえば、授業全体の評価を書いてくださいと説明を行っても、多くの学生は授業全体の最後の頃に登場し、最後に授業評価アンケート用紙を学生に配った教官のみに対する評価を記載する場合が少なくありません。また、説明を正しく理解し、授業全体に対する評価を書くつもりでも、最後の段階で一番印象が残っている最後の教官を念頭において書いてしまうことも多いようです。さらに、複数教官のうち一人を除いて全員が十分な授業を行っていても、残り一人の教官に強い不満がある場合、それが授業全体への不満として回答がなされる場合が往々にしておこっています。

5人の平均身長は2mです？

八　教官による授業評価は無意味

先に述べたように、学生による授業評価を教官個人評価に導入するのを避けたいと考える教官はたくさんいます。彼らが主張する典型的な意見に、学生よりも信頼性の高い教官による授業評価を実施すべきだというまことしやかな主張があります。しかし、そのような考えはまったく誤っていることが過去の研究から示されています。

その証明は、具体的には次の二点において実際のデータから示されています（参考文献9）。その一つ目は、教官が行う授業評価は、学生のそれと比較して非常に甘いことです。教官による授業評価結果が甘いのは、同僚に対する採点であること、自分が逆に採点された時のことを考えて手加減してしまうことがその理由です。一言でいえば、教官同士は低い点をつけあうことができないのです。もう一点は、学生の実施した授業評価結果と比較して、教官のそれは、評価する者が異なることによって非常に大きくばらついた結果を示しているということです。渡辺による詳しい実証研究（参考文献9）では、異なる教官の間で、同一の講義に対する評価結果が大きく食い違う（相関係数〇・二六）ことが示されています。教官はすでにそれぞれ自分の専門分野を引きずっており、意図しなくとも自分の分野との近さ関係から他の教官の授業の理解の度合いも異なってしまい、それに伴う評価結果も大きく変わってしまうのです。

これら二つの理由から、教官による他教官の授業評価は、学生による授業評価よりはるかに質が劣るのが実際なのです。たいへん興味深いことですが、教官が他の教官の授業を評価することは適切な方法ではないことは、かの経済学の父といわれるアダム・スミスがすでに一七〇〇年代に指摘しています。以上のように、教員相互の授業見学による授業評価を検討した研究は、いずれもその信頼性を否定する結果におわっています。授業評価はそれを授業として受けている学生に任せるべきことなのです。

奥さん、今日もキレイね〜
ほほほ
あなたもキレイよ〜
いえいえ〜

内部の相互評価は無意味

九　学生にまかせてよいこと、悪いこと

この項目は教員の評価に直接関係する話題とはいえませんが、前の項目で授業評価は完全に学生に任せた方がよいと述べたことに関連し、管理者としては何を学生にまかせ、何をまかせるべきではないかを知っておく必要があります。ちなみに、学生による授業評価のほかに、最近では多くの大学で学生と教官の間の意見交換をスムーズにし、学生主体の取り組みを増やしていこうとする動きがあります。それらは一般に、ファカルティ・ディベロプメント（ＦＤ）活動という呼び方がされています。

このような各大学におけるＦＤ活動の動きを実際にみると、何を学生にまかせ、何をまかせてはいけないのかについて、一部で混乱が生じているようです。先の項でも述べたとおり、授業評価に関しては、完全に学生の手にゆだねることが適切です。しかし、自信のない教官や組織の中には、授業評価以外のことも、何から何まで民主的という名目のもとで学生に任せてやるのがよい（もしくはそうしておけば自分たちは非難を受けることがない）と思い込んでいるケースが散見されます。たとえば、「学生の新鮮なアイデアに基づく新しい授業科目を考えよう（学生提案科目）」とい

う試みを導入しているところがありますが、これは授業評価とは異なり、よほど周囲からうまくコントロールしない限り学生主体では成功しません。私が実際に体験した三つの例からお話しましょう。

一、以前、ＦＤ活動の中で、どのような提案科目が考えられるかということについて、アンケートを通じて一般の学生に広く募ったことがありました。しかし、返ってきた回答を集計していて学生の意見が特定のトピックに集中していることが気になりました。具体的には、その時最も数が多くて目を引いたのは「化石の堀り方の講義・実習」を求める、というものでした。その人気の理由を探し当てたところ、当時の若手人気タレントたちが化石堀りに挑戦し、実際に掘り当てるまでを追跡す

まかせてよいかを考える

るという日曜テレビ番組が人気を博しており、ただ単にそれに刺激された結果であることが判明しました。提案した学生が地学や考古学に興味があったというわけではなかったのです。すべての提案科目が浅い考えに基づいているというわけではありませんが、多数決方式で決めるような事をするのであれば、残る提案はろくなものはないと考えるのがよいようです。

二、また、ＦＤ活動を担当している学生委員による提案科目として示された案に「社会における甘い汁の吸い方」という講義科目がありました。企画はジョークではなく、賄賂の受け取り方や世間の欺き方をその道にたけた人間を講師に呼んで教わろうという事が本気で提案されていました。周囲の教官、事務官に誰も止める様子がなかったことにも驚きましたが、世の中の秩序を守る役割を期待されている法学部の学生から提案された案であったということも、失望を大きくしました。私が学生に対して心から激怒した数少ない機会でした。提案型科目では最低限のモラルさえ、時には確保されない場合があることを痛感しました。

三、同じくＦＤ活動を担当している学生委員による提案科目で、「社会政策を知る（実際に調査する）」という企画がありました。こちらは主旨としてはまったく問題はありません。ただ、公共事業、福祉、教育、経済など非常に多岐の内容に渡るものをすべて自治体の担当者などに質問に行くことで、最適な社会政策を提案できるという超楽天的な考えに基づく提案でした。それだけ全部調べようとすると、何年あっても足らない内容であることをまず理解する必要があり、自治体担当者に聞けばすべてが解決するという浅い発想も何とかする必要があります。また、このような見通しの甘い講義を実際に実施すると、尋ねに来られる側にも多大な迷惑がかかることを、まじめな提案者は理解していません。

以上の例からおわかりいただけるかと思いますが、「授業のテーマと内容を決めることができる」という能力は、「自分が受けている授業の評価を行う」という能力に比較してはるかに高度なものです。はっきり言って学生にそれが最初からできるなら大学は必要ありません。「学生が勉強したいことを授業にして勉強できるようにすればよい」とか、「学生による提案科目をまず一度やってみて、それから考えればよい」いうのは、一見ものわかりがよいようで、じつは危険極まりない無責任な考え方なのです。

十 アンケートは必要最小限で

私が学生の時、大学の向かいにH食堂という定食屋がありました。そこには定食のメニューが二十種類ぐらいあったように記憶していますが、どれを食べても結局全部同じ味でした。別にこのようなことはこの食堂に限ったことではありません。ここで食堂を教官、各種定食をその先生が受けもっている各種授業と読み替えていただきたいのです。つまり、ある教官が受けもっているすべての授業に対し、全部授業評価を行うことの意味はないということです。五つ星のレストランというのはレストランに対する評価であって、そのレストランにおける個別のメニューに対する評価ではありません。どの店がよいか悪いかがすべてで、それ以上

授業評価のコストを考えたことがある？

の細かい情報は意味をもたないのです。

思考停止した無能な担当者のもとでは、「何でも全部調査しましょう、全部アンケートに書いてもらって調査すればよいでしょう」という姿勢に基づく無駄な調査がよく行われます。なぜなら、そうするのが自分が仕事をしているふりをする最も簡単な方法だからです。現在の我々の机上はこの種の思考停止が引き起こした「何でも全部調査」用紙であふれかえっています。

一方、我々はこの授業評価なるものに、いったいどれくらいのコストを投下しているのでしょうか。ちょっと試算してみました。すべての講義に授業評価アンケートを義務づけている岡山大学の場合、年間調査用紙を二十万票印刷し、講義で配布回収しています。その処理費として大学が支払っている外注費用は、毎年約三百万円程度とのことでした。この金額の多寡を問題にするつもりはまったくありません。問題なのはこれから後です。これらの配布、記入、回収は貴重な授業時間の一部を充てて実施されます。その時間コストがいったいどれくらいになるかをここでは問題としましょう。今、仮に二十万枚のアンケートのうち八十％が回答されたとしてその枚数は十六万枚になります。それら一枚の配布、記入、回収に十五分かかったとすれば、学生は年間のべ四万時間授業評価アンケートに時間を割いていることになります。学生の時間コストとして、ここではそれに岡山大学で規定されている学部学生アルバイトの時給八百九十円をあてることにします（なお、学生の授業にあてる時間は将来の社会的な生産につながる時間であるため、本来はもっと高い単価を本来あてるべきであると思われます）。すると、学生が授業評価アンケートに年間費やしているコストは、少なく見積もっても三五六〇万円となります。話はこれだけで終わりません。教官については一クラス平均五十人の履修者がいると仮定すると、延べ四千人の教官が各十五分、配布、記入、回収にかかることとなり、時間単価を二千円とすると一五分で五百円、これが四千人で二百万円のコストがかかっています。事務官については、二十人の事務官が一日八時間三日間対応し、その時間単価を千五百円と仮定すれば、七十二万円となります。

以上の結果、岡山大学で全授業に授業評価アンケートを行うコストは、三百万円（外注費）＋三五六〇万円（学生コスト）＋二百万円（教官コスト）＋七十二万円（事務官コスト）の合計四一三二万円を要しているという結果になります。これだけのコストが毎年毎年発生しているのです。

この他にも、計算にはあらわれませんが、この全講義調査という方法によって隠れた大きなコストが発生しています。それはアンケートに回答する学生に発生する「調査疲れ」というマイナスの効用です。以前、授業評価がもの珍しかった頃には、学生たちはほぼ全員が熱心に自由記述までしっかりとアンケートに回答していました。しかし今ではどの授業でも最後にいつもきまりきったアンケートを書かされるため、それに回答することは面倒くさいとしか思わなくなってきています。最近ではめっきり自由記述の提出が少なくなりました。このように回答の内容レベルが下がったり、回答に対する負担感が増加することは、その実際の金額は明らかにできませんが、コスト増として明確に認識しておく必要があります。

以上のように少なく見積もっても四千万円強、実質のところおよそ五千万円ほどのコストが、例とした岡山大学では毎年毎年の授業評価実施に費やされているのです。このような金額換算は必ずしもすべてを表せていないという批判も可能です。しかし、少しでも正常なコスト感覚のある組織なら今の方法を見直すのがベターであると思われます。私は授業評価を行うことに意味が無いと申しているのではありません。毎年全部の授業に対して逐一授業評価を行うのは、H食堂の同じ味の二十種の定食それぞれに毎年ランクづけを行うのと同じくらい効率の悪い作業を行っているのだと考えているだけです。

一人の教官に対し、二〜三年に一回、その教官が最初から最後まで一人で担当している講義一つを対象に、授業評価を行う機会があればそれで十分ではないかと思われます。事前にその講義が本人にわかると、その講義だけがんばって他は手を抜くのではないかという危惧があるのなら、抜き打ちの形で授業評価を行えばそれですむことです。過去のように、ほとんどの講義で授業評価がなかったのは確かに大きな問題でしたが、だからといって全部の講義で毎年行うというのは「過ぎたるは及ばざるが如し」なのではないでしょうか。

参考文献

1　浅野誠：授業のワザ一挙公開、大月書店、二〇〇二
2　古宮昇：大学の授業を変える、晃洋書房、二〇〇四
3　バーバラ・グロス・デイビス、香取草之助監訳、光澤舜明・安岡高志・吉川政夫訳：授業の道具箱、二〇〇二
4　University California, Berkeley:Learning to Teach, A Handbook for Teaching Assistants at U.C. Berkeley, The TA training Project of the Graduate Assembly, 1992
5　山田昌弘：希望格差社会、筑摩書房、二一三頁、二〇〇四
6　原広司：「集落の教え一〇〇」、彰国社、一九九八
7　上野千鶴子：サヨナラ学校化社会、太郎次郎社、二五頁、二〇〇二
8　金子みすゞ：金子みすゞ童謡集、ハルキ文庫、八二頁、一九九八
9　渡辺恵一：成績評価と授業評価、（波多野進・竹熊耕一・浜野潔・内藤登世一、大衆社会における大学教育、一三八頁、）二〇〇二、晃洋書房

付録1．総合評価に影響を及ぼす要因のモデル分析

本書の作成においては、実際に実施された授業評価アンケート調査の回答を用いた統計モデルを作成することにより、どのような事柄がその講義の総合評価に影響を及ぼしているかを客観的に明らかにするという作業も行いました。実際には、平成14年度前期~平成16年度前期（5セメスター）に岡山大学環境理工学部環境デザイン工学科において実施された講義における授業評価アンケート調査結果を用い、数量化理論Ⅱ類モデルを作成することで各設問項目の影響を明らかにしています。実際の授業評価アンケート票の内容を付録1—1~1—2に示します。

モデルの作成は下記のような基準にもとづいています。

1　講義のみを対象とする（演習、実験は判断基準が異なるため、ここでは対象から除外した）。

2　平成14、15年度の2年度と、平成16年度のアンケートの質問内容は変更されているため、それぞれ別個のモデルを作成し、それぞれタイプⅠモデル、タイプⅡモデルとする。

3　統計的分析を行う上で十分な回答数がよせられた講義のみを対象としました。具体的には、対象データを用いた評価平均値に関する信頼区間分析に基づき、回答者数が21名以下の講義については分析から除外しました。

以上の基準に基づいて数量化Ⅱ類モデルの作成を行った結果を付録1—3（タイプⅠ：平成14、15年度）、及び付録1—4（タイプⅡ：平成16年度）に示します。

付録1—1　タイプIモデルに用いたアンケート調査項目（平成14、15年度に岡山大学環境理工学部専門教育科目において実施された授業評価アンケートに基づく）（注）いずれの設問も5段階評価

（1）この授業を振り返ってシラバスの授業内容の記載は配慮されていたと思いますか。
5．十分配慮されていた　～　1．全く配慮されていなかった

（2）授業内容は、最終的にシラバスに記載された到達目標に達するものになっていたと感じましたか。
5．そう感じる　～　1．そう感じない

（3）この授業の実施方法は適切でしたか（教材、教具、説明、声の大きさ、板書等）。
5．非常に適切であった　～　1．全く適切でなかった

（4）授業を進めるにあたっての教科書、参考書についての配慮や説明資料などに対する準備は十分されていたと感じましたか。
5．そう感じる　～　1．そう感じない

（5）この授業により基礎的な理解あるいは新しい知識や概念の授業を受けましたか。
5．知的刺激を大いに受けた　～　1．難しく感じただけであった

（6）あなたは担当教官の授業に対する熱意・意欲を感じましたか
5．そう感じる　～　1．そう感じない

（7）この授業を（授業内容、教官の熱意、受講者への対応などの観点から）総合的に評価してください。
5．非常に良い授業であった　～　1．おおいに改善すべき授業であった

付録1―2　タイプⅡモデルに用いたアンケート調査項目（平成16年度に岡山大学環境理工学部専門教育科目において実施された授業評価アンケートに基づく）

(1)　担当教員の授業に対する熱意・意欲を感じた。

(2)　教科書の選定、参考書の紹介、資料の配布は適切であった。

(3)　板書や視聴覚教材の利用は適切であった。

(4)　講義や説明は聞き取りやすく、理解しやすかった。

(5)　授業全体のスケジュールや1回の授業の時間配分は適切であった。

(6)　予習・復習についての指導や宿題・課題・レポートの指示は適切であった。

(7)　授業内容は最終的にシラバスに記載された到達目標に達するものになっていた。

(8)　シラバスに記載されている、この科目の成績評価方法は妥当なものである。

＊上記(1)～(8)までの設問項目における、回答選択肢は、いずれも

5．そう思う　～　1．そう思わない

(9)　この授業内容の難易度を客観的な立場から、次の5段階で表してください。

5．易しい　～　1．難しい

(10)　この授業全体に対するあなたの評価を総合的に5段階で表してください。

5．よい　～　1．悪い

付録1－3　授業の総合評価に対する要因分析結果、タイプⅠモデル

（平成14、15年度に岡山大学環境理工学部専門教育科目において実施された授業評価アンケートに基づき、数量化Ⅱ類モデルを構築）質問は偏相関値順に並んでいる

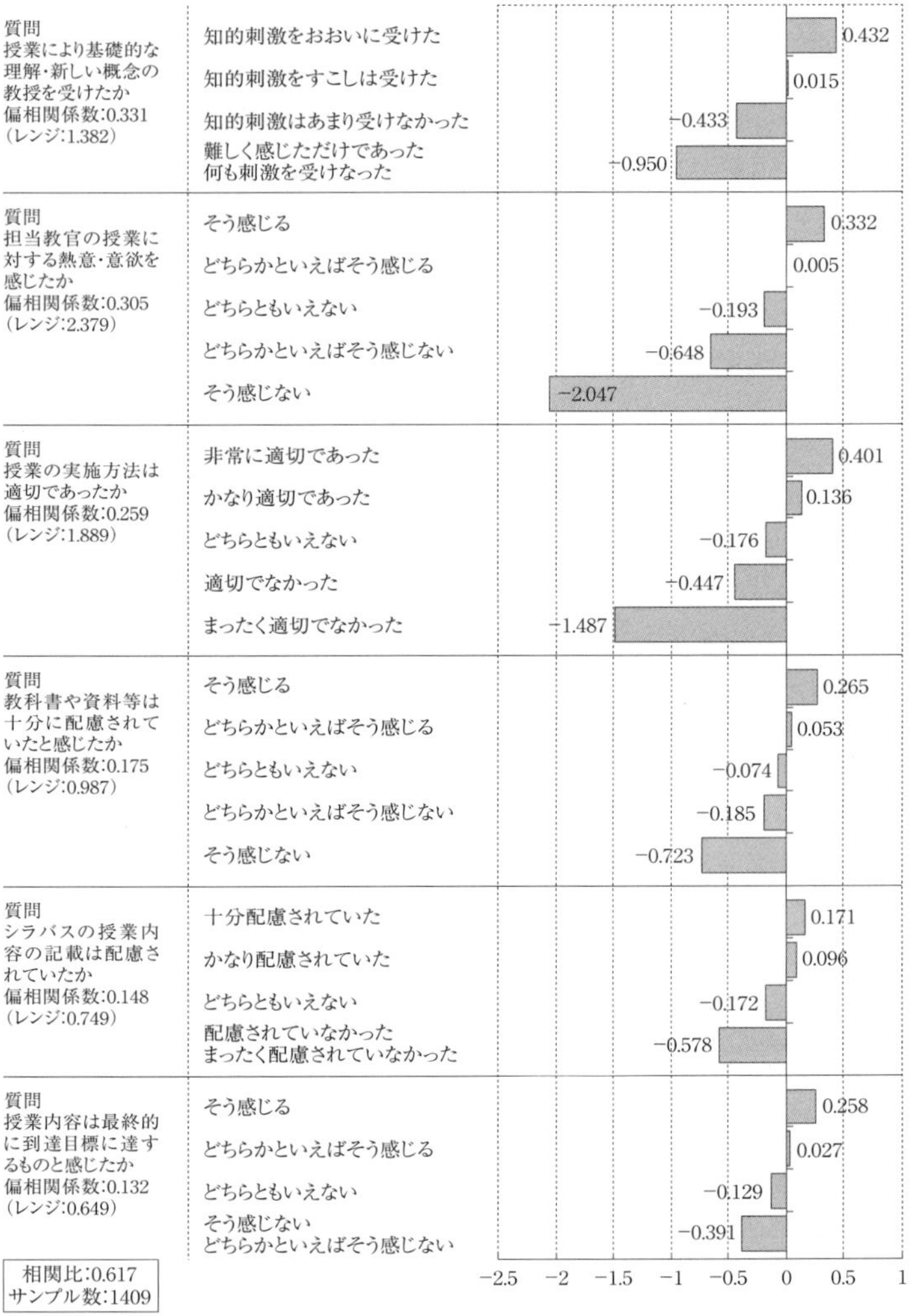

質問 授業により基礎的な理解・新しい概念の教授を受けたか
偏相関係数:0.331（レンジ:1.382）
知的刺激をおおいに受けた 0.432
知的刺激をすこしは受けた 0.015
知的刺激はあまり受けなかった −0.433
難しく感じただけであった 何も刺激を受けなった −0.950
質問 担当教官の授業に対する熱意・意欲を感じたか
偏相関係数:0.305（レンジ:2.379）
そう感じる 0.332
どちらかといえばそう感じる 0.005
どちらともいえない −0.193
どちらかといえばそう感じない −0.648
そう感じない −2.047
質問 授業の実施方法は適切であったか
偏相関係数:0.259（レンジ:1.889）
非常に適切であった 0.401
かなり適切であった 0.136
どちらともいえない −0.176
適切でなかった −0.447
まったく適切でなかった −1.487
質問 教科書や資料等は十分に配慮されていたと感じたか
偏相関係数:0.175（レンジ:0.987）
そう感じる 0.265
どちらかといえばそう感じる 0.053
どちらともいえない −0.074
どちらかといえばそう感じない −0.185
そう感じない −0.723
質問 シラバスの授業内容の記載は配慮されていたか
偏相関係数:0.148（レンジ:0.749）
十分配慮されていた 0.171
かなり配慮されていた 0.096
どちらともいえない −0.172
配慮されていなかった まったく配慮されていなかった −0.578
質問 授業内容は最終的に到達目標に達するものと感じたか
偏相関係数:0.132（レンジ:0.649）
そう感じる 0.258
どちらかといえばそう感じる 0.027
どちらともいえない −0.129
そう感じない どちらかといえばそう感じない −0.391
−2.5 −2 −1.5 −1 −0.5 0 0.5 1
相関比:0.617
サンプル数:1409

付録1−4　授業の総合評価に対する要因分析結果、タイプⅡモデル

（平成14、15年度に岡山大学環境理工学部専門教育科目において実施された
授業評価アンケートに基づき、数量化Ⅱ類モデルを構築）質問は偏相関係数値順に並んでいる

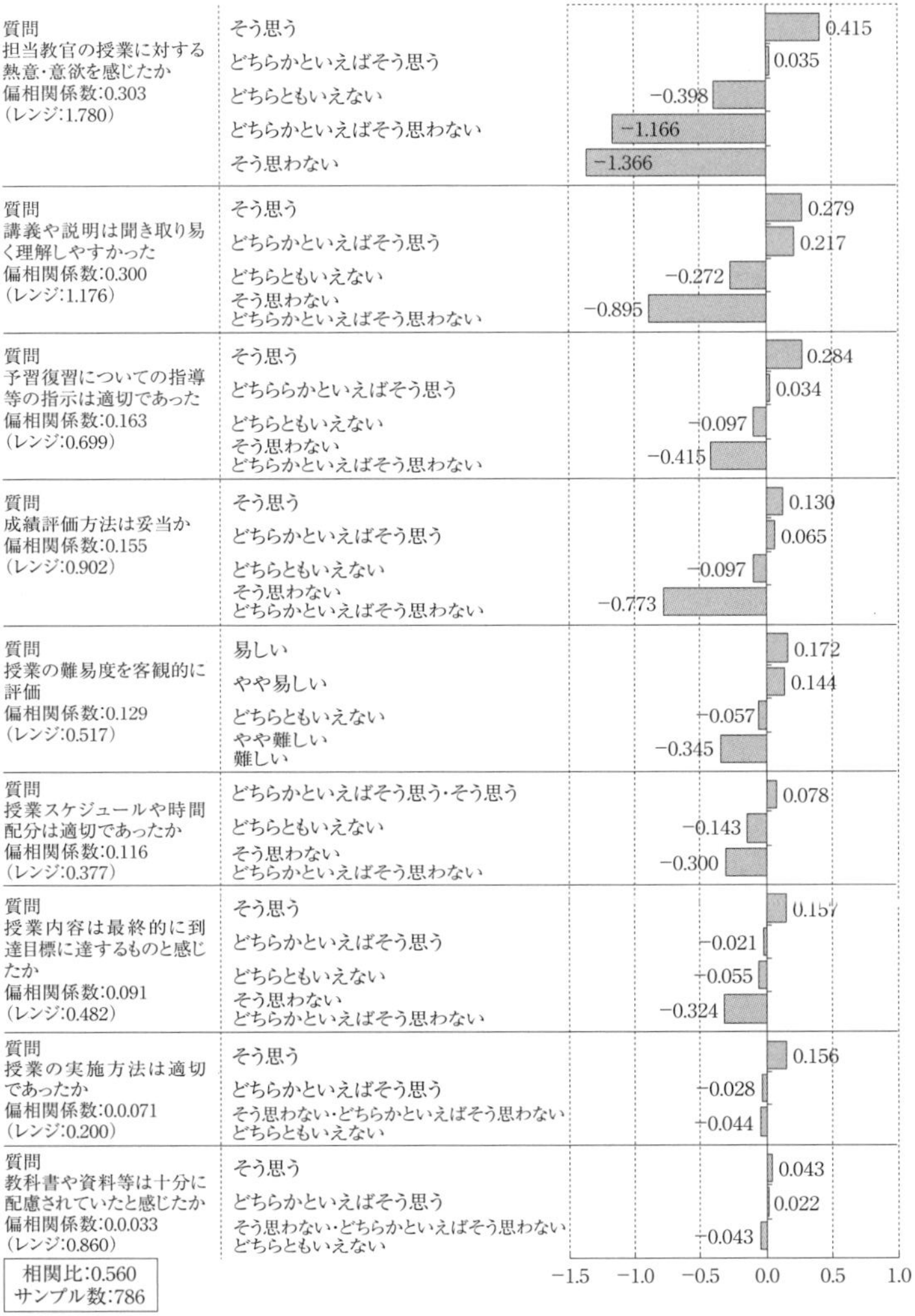

質問
担当教官の授業に対する熱意・意欲を感じたか
偏相関係数:0.303
(レンジ:1.780)
そう思う　0.415
どちらかといえばそう思う　0.035
どちらともいえない　−0.398
どちらかといえばそう思わない　−1.166
そう思わない　−1.366
質問
講義や説明は聞き取り易く理解しやすかった
偏相関係数:0.300
(レンジ:1.176)
そう思う　0.279
どちらかといえばそう思う　0.217
どちらともいえない　−0.272
そう思わない
どちらかといえばそう思わない　−0.895
質問
予習復習についての指導等の指示は適切であった
偏相関係数:0.163
(レンジ:0.699)
そう思う　0.284
どちららかといえばそう思う　0.034
どちらともいえない　−0.097
そう思わない
どちらかといえばそう思わない　−0.415
質問
成績評価方法は妥当か
偏相関係数:0.155
(レンジ:0.902)
そう思う　0.130
どちらかといえばそう思う　0.065
どちらともいえない　−0.097
そう思わない
どちらかといえばそう思わない　−0.773
質問
授業の難易度を客観的に評価
偏相関係数:0.129
(レンジ:0.517)
易しい　0.172
やや易しい　0.144
どちらともいえない　−0.057
やや難しい
難しい　−0.345
質問
授業スケジュールや時間配分は適切であったか
偏相関係数:0.116
(レンジ:0.377)
どちらかといえばそう思う・そう思う　0.078
どちらともいえない　−0.143
そう思わない
どちらかといえばそう思わない　−0.300
質問
授業内容は最終的に到達目標に達するものと感じたか
偏相関係数:0.091
(レンジ:0.482)
そう思う　0.157
どちらかといえばそう思う　−0.021
どちらともいえない　−0.055
そう思わない
どちらかといえばそう思わない　−0.324
質問
授業の実施方法は適切であったか
偏相関係数:0.0.071
(レンジ:0.200)
そう思う　0.156
どちらかといえばそう思う　−0.028
そう思わない・どちらかといえばそう思わない
どちらともいえない　−0.044
質問
教科書や資料等は十分に配慮されていたと感じたか
偏相関係数:0.0.033
(レンジ:0.860)
そう思う　0.043
どちらかといえばそう思う　0.022
そう思わない・どちらかといえばそう思わない
どちらともいえない　−0.043
相関比:0.560
サンプル数:786
−1.5　−1.0　−0.5　0.0　0.5　1.0

付録2. カリフォルニア州立大学バークレイ校における取り組み

本書の作成においては、海外の大学などで導入されているティーチング技術向上のためのテキストなども参考としました。ここではそのうち、最も完成度が高いものの一つとして、米国カリフォルニア州立大学バークレイ校で活用されているティーチングアシスタントのためのガイドブック、Learning to Teach（参考文献4）を取り上げ、その目次を参考のために示しておきます。

・理科学系講義における討議の時間
・工学系講義における討議の時間
・文章作成を教える
・数学を教える
・外国語を教える
・実習・実験系講義をどう教えるか
・工学系実習・実験を教える
・計算機実習を教える
・講義と学習

第3部　クラスでおこる諸問題

・よいティーチングアシスタント、悪いティーチングアシスタント
・教育と社会的責任
・ティーチングアシスタントと先生との関係
・特別な問題
・言語の壁を超える
・外国人ティーチングアシスタントへのアドバイス

・障害のある学生を教える
・マイノリティーに対する配慮
・同性愛者に対する差別の問題

第4部　評価する
・評点に関する基礎
・試験における評価の考え方
・提出物に対する評価の考え方
・あなたの教え方を評価させる
・大学における一般的な評価手順

第5部　文章の書き方を教える
・書き方の手順
・文章の問題箇所をおさえる
・文章の直し方

第6部　雇用される立場としてのティーチングアシスタント

・関連する問題
・ティーチングアシスタントの協同
・仕事の種類と給料
・雇用される院生としての要望
・誓約書

第7部　参考となる様々な情報

■著者紹介■

谷口　守：1961年神戸市生まれ，京都大学大学院工学研究科博士後期課程単位修得退学，京都大学工学部助手，カリフォルニア州立大学客員研究員，筑波大学社会工学系講師，ノルウェー王立都市地域研究所客員研究員，などを経て，2002年より岡山大学教授（大学院環境学研究科），専門は都市環境計画，国土審議会（持続可能な国土管理）専門委員，著書（共著）に「Spatial Planning, Urban Form and Sustainable Transport」（Ashgate），「図説・都市地域計画」（丸善），「環境を考えたクルマ社会」（技報堂出版）他

イラスト作成
横山大輔：1984年岡山県生まれ，岡山大学環境理工学部環境デザイン工学科・社会システム計画学研究室在学中，専門分野は都市計画（都市の再生），2004年「まちの活性化・都市デザイン競技」（（財）都市づくりパブリックデザインセンター）奨励賞受賞

授業評価に基づくティーチング技術アップ法

定価はカバーに表示してあります。

2005年10月25日　1版1刷発行　　ISBN978-4-7655-4121-3 C2037
2007年 1月15日　1版2刷発行

著　　者　谷口　　守
発 行 者　長　　滋彦
発 行 所　技報堂出版株式会社

〒101-0051　東京都千代田区神田神保町1-2-5
（和栗ハトヤビル6階）
電　　話　営　業（03）（5217）0885
　　　　　編　集（03）（5217）0881
　　　　　ＦＡＸ（03）（5217）0886
振替口座　00140−4−10
http://www.gihodoshuppan.co.jp/

日本書籍出版協会会員
自然科学書協会会員
工学書協会会員
土木・建築書協会会員

Printed in Japan

装幀　ジンキッズ　印刷・製本　技報堂

◆技報堂出版 ホームページのご案内◆

技報堂出版 GIHODO SHUPPAN Co.,Ltd.

- 新刊ご案内
- 書籍検索
- ご購入案内
- 会社案内
- お知らせ
- お問合せ
- リンク

〒102-0075
東京都千代田区三番町8-7 第25興和ビル
TEL 営業 03-5215-3165
TEL 編集 03-5215-3161
FAX 03-5215-3233

URL http://www.gihodoshuppan.co.jp

小社出版物の検索・ご注文には，
ホームページがご利用いただけます。
また，出版企画，お問合せもお受けいたしております。
ぜひ一度ご覧くださいますよう，
よろしくお願い申し上げます。

<検索画面>

書籍検索

検索したい書籍の情報を入力し、「検索」ボタンを押してください。
- 「書名」入力ボックスには、書名や書名の一部、キーワードなどを入力してください。書名のほか、副書名やシリーズ名でも検索できます。なお、英字および数字を全角で入力してください。また、読み仮名での検索はできません。
- 「著者名」入力ボックスには、著者名（1人）を、姓と名の間を空けずに入力してください。姓のみ、名のみでも検索できますが、読み仮名での検索はできません。
- ISBNコードをご存じの場合は、「ISBNコード」入力ボックスに入力してください。
- ジャンル検索は、プルダウンメニューのなかから、検索したい書籍のジャンル名をお選びください。
- 複数の入力ボックスに入力された場合には、and検索になります。

書名 〔　　　〕
著者名 〔　　　〕
ISBN 〔4-7655-　　〕
ジャンル名 〔－選択して下さい－〕

[検索] [リセット]

<お問合せ画面>

お問合せ

メールによる、お問合せのご案内です。

■ 出版に関するお問合せ
書籍出版、自費出版のご相談は、下記アドレスまでお寄せください。

gihodo@gihodoshuppan.co.jp

■ 販売に関するお問合せ
ご注文に関するお問合せ、落丁・乱丁本の交換に関するお問合せは下記アドレスまでお寄せください。

eigyo@gihodoshuppan.co.jp

■ 「DVD版 建築と環境のサウンドライブラリ」ユーザー登録専用アドレス
「DVD版 建築と環境のサウンドライブラリ」をご購入されたお客様は、下記アドレス宛にメール（空メールで可）をお送り下さい。修正情報等をご案内させていただきます。

smile@gihodoshuppan.co.jp